KB079596

기후,
기회

CLIMATE,
OPPORTUNITIES

파국의 시대에 맞서기 위한
기후 전망과 전략

최재천
조천호
채수미
김승완
김용범
지현영
김병권
배보람
이관후
이유진
지음

녹색전환연구소 엮음

북트리거

저자 소개

최재천 평생 인간과 자연을 관찰해 온 생태학자이자 동물행동학자. 서울대학교 생명과학부 교수, 환경운동연합 공동대표, 한국생태학회장, 국립생태원 초대원장 등을 지냈다. 현재 이화여자대학교 에코과학부 석좌교수로 재직 중이며, 생명다양성재단 이사장을 맡고 있다. 『최재천의 공부』, 『최재천의 곤충사회』, 『개미제국의 발견』 등을 썼다.

조천호 대기과학자·30년간 국립기상과학원에서 일했으며 원장으로 퇴임했다. 기후변화 과학이 우리가 살고 싶은 세상과 어떻게 연결되는지 공부하고 있다. 『파란하늘 빨간지구』 등을 썼다.

채수미 현재 한국보건사회연구원 미래질병대응연구센터장으로 재직 중이며 대통령 직속 2050 탄소중립녹색성장위원회 전문위원, 국회 기후변화포럼 운영위원, 기상청 K-IPCC 전문위원 등을 맡고 있다.

김승완 사단법인 넥스트 대표. 2050 탄소중립 목표를 달성하기 위한 대한민국의 에너지·기후 정책 옵션을 연구하고 제안한다.

김용범 해시드오픈리서치 대표이사. 경제 관료로 34년간 일하며 금융위원회 부위원장과 기획재정부 제1차관 등을 역임했다. 현재 블록체인 기반 커뮤니티와 정부 간 정책 소통, Web 3.0을 활성화할 수 있는 제도적 프레임 워크 개발, 기존 기업과 블록체인 기술 간 시너지에 주력하고 있다.

지현영 녹색전환연구소 부소장 겸 변호사. 서울시 녹색서울시민위원회 위원 등을 맡고 있다. 환경공익법부터 ESG, 환경, 에너지 분야 자문 컨설팅까지 다양한 업무를 경험하고 연구 활동을 하고 있으며, 대중적 지식 전파를 위해서도 힘쓰고 있다. 『인권으로 살펴본 기후 위기 이야기』(공저) 등을 썼다.

김병권 기후와 디지털 경제 연구자. 현재 녹색전환연구소 연구위원으로 임하고 있다. 2019년부터 2022년까지 정의당 부설 정의정책연구소장을 맡으면서 정의당의 기후 정책과 그린 경제, 디지털 경제 정책 설계를 책임졌다. 저서로 『기후를 위한 경제학』, 『진보의 상상력』, 『기후위기와 불평등에 맞선 그린뉴딜』 등과 공저가 여럿 있다.

배보람 녹색전환연구소 지역전환팀장. 환경 단체에서 국토 난개발, 환경오염과 주민 피해 해결을 위한 활동을 해왔고, 이를 기반으로 환경 재난 연구를 진행한 바 있다. 기후위기에 대응하는 지역 전환 연구가 지구와 사회, 관계의 회복으로 이어지는 데 도움이 되기를 소망하고 있다.

이관후 런던대학교에서 정치학 박사학위를 받고, 현재 건국대학교 상허교양대학 교수로 재직 중이다. 행정안전부 장관정책보좌관, 국무총리 연설비서관을 지냈다. 저서로 『한국 민주주의, 100년의 혁명 1919~2019』(공저) 등이 있고, 번역서로는 『정치를 옹호함』이 있다.

이유진 녹색전환연구소장. 기후위기와 에너지 전환을 주제로 연구와 활동을 하고 있다. 녹색연합에서 활동을 시작했고, 녹색당 공동운영위원장을 지냈다. 국무총리 그린뉴딜 특보, 서울에너지공사 이사, 2050 탄소중립녹색성장위원회 위원으로 역할했다. 저서로 『원전 하나 줄이기』, 『전환도시』, 『태양과 바람을 경작하다』가 있다. 2021년 '들불상'을 받았다.

들어가는 글

기후위기는 더는 피할 수 없는 현실로 우리 삶 한가운데 자리잡고 있습니다. 2023년 세계기상기구는 지구의 기온이 산업화 이전에 비해 섭씨 1.45도 상승하였다고 발표하였습니다. 최근의 뉴스는 인도 뉴델리의 낮 최고 기온이 52도를 넘었으며, 중국 남부와 브라질 남부 지역에서는 폭우와 홍수로 많은 인명 피해가 났다고 보도하였습니다. 오랫동안 안정적인 기후 속에서 농사를 지어 왔던 농가들은 너무나도 변덕스럽게 변하는 날씨 때문에 농사를 더 이상 지을 수 없는 지경이 되었다고 하소연하고 있습니다. 우리나라만 해도 갑자기 더워져서 일찍 개화한 사과꽃이 이내 기온이 떨어져 냉해를 입고, 이것이 수확량 감소로 이어져 농가에 비상이 걸렸습니다. 사과를 비롯해 여러 농작물의 가격이 천정부지로 치솟은 데에는 정책의 문제도 있지만, 무엇보다 기후위기가 큰 원인으로 작동했습니다.

지구가 불타오르고 있다는 경고는 도처에서 울리고 있습니다. 그러나 지난 4월의 총선에서 거대 양당 후보들은 너 나 할 것 없이 이 경고를 무시했습니다. 도심 구간의 철도와 도로를 지하화하고 지상부의 역사와 주변을 개발하겠다는 공약을 대대적으로 내세웠습니다. 상수원보호구역, 그린벨트 등 보호구역을 해지하고 도시 개발을 하거나, 주차장을 늘리고 공항 건설을 차질 없이 추진하겠다는 약속은 쉽게 눈에 띄었습니다. 하지만 지역의 에너지 전환에 힘을 쏟고, 생태계 보호구역을 관리하여 기후위기 충격에 대비하며, 탄소중립 정책 추진 과정에서 일자리 감소와 지역의 경제적 충격을 완화하여 정의로운 전환을 끌고 가겠다는 약속은 찾아보기 어려웠습니다.

녹색전환연구소가 참여하고 있는 민간 싱크탱크 및 기후 단체 기반 연대체인 '기후정치바람'은 지난 총선 기간 전국 17개 시도 1만 7,000명을 대상으로 설문 조사를 실시하여, 기후 유권자의 규모, 지형, 정당, 그리고 후보들의 정책을 분석했습니다. 설문 조사 결과, 유권자의 33.5퍼센트가 기후위기와 관련한 정보를 인지하고, 이에 민감하게 반응하며 투표를 고려하고 있음을 확인했습니다. 기후위기에 대한 사회적 이해, 정치적 해결의 필요성은 시민들 사이에서 확인되었지만, 정치와 정책은 시민들의 이러한 변화와 요구에 감응하지 못하는 상황입니다. 여전히 우리 정치는 과거 성장기의 경기 부양 정책을 좇고 있습니다. 삶의 골목골목에서 울리는 기후위기의 경고를 외면한 채, 아직도 무한 경제성장의 신화에 매달리고 있는 꼴입니다.

녹색전환연구소가 준비한 '2024 기후 전망, 10인과의 대화'는 이러한 상황에서 준비되었습니다. 각자의 자리에서 기후위기의 경고를 귀 기울여 듣고, 꾸준히 탐구하면서 화두를 던져 온 10명의 학자, 전문가, 연구자들이 모였습니다. 이 자리에는 우리 사회의 전환을 기꺼이 이뤄 내고자 하는 1,000여 명의 시민들도 함께 자리하였습니다. 진지하면서도 뜨겁게 나눈 그날의 소중한 이야기를 모아 이렇게 책으로 엮게 되었습니다.

최재천 이화여대 석좌교수, 조천호 전 국립기상과학원장 그리고 채수미 한국보건사회연구원 미래질병대응연구센터장은 지금까지와는 전혀 다른, '기후위기가 만드는 세계'를 진단했습니다. 코로나19라는 전염병이 전 세계를 휩쓸 때, 세계 제일의 선진국인 미국에서 가장 큰 피해가 발생한 모순적 상황은, 기존의 대책들이 새로운 재난 상황에서 더 이상 유효하지 않을 수도 있음을 보여 주고 있습니다. 역대급으로 장마 기간이 길어지거나 강우의 수준이 과거와 비교할 수 없게 된 상황도 있습니다. 극단적 기상이변은 지난 40년간 4배 이상 증가했습니다. 문제는 기후위기의 속도가 점차 빨라져 지구 평균온도의 상승 폭이 곧 1.5도를 넘어 2도를 향해 갈 것으로 전망된다는 것입니다. 돌이킬 수 없고 예측하기 어려운 재난에는 코로나19와 같은 감염병, 오송 지하차도 침수 사건, 매년 강도가 세지는 폭우와 폭염, 산불 등이 포함됩니다. 자연히 기후위기 시대에는 사회의 불안과 우울 지수가 높아질 것으로 전망됩니다. 따라서 인류는 자연과 새로운 관계를 맺으며 '생태 백신'을 통해 기후위기에 대한 면역력을 높일 필요가 있습니다.

김승완 사단법인 넥스트 대표, 김용범 해시드오픈리서치 대표, 지현영 녹색전환연구소 부소장, 그리고 김병권 독립 연구자는 '기후위기와 경제사회의 대격변'이 어떤 모습으로 우리 삶에 영향을 미치고 있는지 촘촘히 살펴보았습니다. 전 세계가 기후위기 대응을 위해 탄소중립을 각 국가의 핵심 목표로 수립하고, 산업·전력업·건물업·수송 등 사회 각 분야의 온실가스 배출 저감 목표를 제시하여 공표하고 있습니다. 그러나 한국은 산업 부문의 온실가스 저감 목표를 완화했습니다. 게다가 재생에너지 확충 속도도 빠르지 않습니다. 하지만 미국과 유럽연합, 중국 등은 탄소중립에 대응하며 산업의 질서를 바꿔 내고 있습니다. 세계경제의 기본 틀이 바뀌는 상황에서 수출 중심의 제조업 기반 경제 체계를 가진 한국이 경험해야 하는 충격은 더 커질 수밖에 없습니다. 국가와 지역 경제가 타격을 입을 것이고, 지역의 인구 유출로 소위 지방 소멸이 현실화될 수 있으며, 지역 불균등이 더 심화되고, 산업과 지역의 저성장이 식량과 에너지 가격 상승과 연동되어 많은 사람에게 큰 고통을 안겨 주게 될 것입니다.

그래서 우리가 무엇을 할 것인지를 물을 수밖에 없었습니다. 배보람 녹색전환연구소 지역전환팀장과 이관후 건국대학교 교수, 그리고 이유진 녹색전환연구소 소장은 대안의 길에 대해 탐색을 해 보았습니다. 전쟁은 군사 행위 자체가 불러오는 기후 영향도 크지만, 기후위기 대응에 사용해야 할 자원과 사회적 역량을 사람을 죽이고 도시를 파괴하는 데 사용한다는 점에서 큰 문제입니다. 우리에게 필요한 것은 군사적 적대감을 마구잡이로 드러내는 것이 아니라, 기후 정의의 실천 방법으로서 평화와 협력을 강조하는 것입니다. 이를 위해서는 기후위기를 만들어 낸 사회구조를 바꾸기 위해 정치를 변화시켜야 합니다. 낡은 방식의 세계를 지탱하는 정치가 아니라, 기후위기 대응과 협력, 에너지 전환에 힘을 쏟는 정치가 필요합니다. 이를 위해서는 '아무도 뒤에 남겨 두지 않는다'는 다짐이 필요합니다. 더 이상 나중이 없는 기후 문제에서, 가장 취약하고 가난한 이들에게 먼저 향하는 위험을 직시하고 대응해야 합니다. 이것이 막연한 다짐에 그치지 않으려면 지역과 국가, 그리고 전 세계의 노력이 긴밀하게 만나고 소통하며 연대해야 합니다.

녹색전환연구소가 준비한 10명의 이야기는 이렇게 마무리됩니다. 이후의 이야기는 여러분과 함께 써 내려가고 싶습니다. 지금까지의 세계가 만들어 온 관성을 함께 넘어섭시다. 지구를 불타오르게 만든 세계로 몸을 돌리지 맙시다. 우리는 기후위기를 넘어서기 위해 용감한 한 걸음을 함께 내디뎌야 하고, 묵묵히 그 길을 걸어가야 할 것입니다. 오늘 여러분이 펼친 이 책이 그 묵묵한 걸음의 길잡이가 되기를 바랍니다. 녹색전환연구소는 이 걸음을 함께 걸어가는 여러분의 다정하고 믿음직한 동료가 되기 위해 앞으로도 더 노력하겠습니다.

2024년 7월

녹색전환연구소 이사장 이상헌

1부
기후위기가 만드는 세계

2부 기후위기와 경제사회 대격변

1부

기후위기가 만드는 세계

1장

생물 다양성과 조화로운 삶

최재천

우리를 덮친 재앙, 기후위기

만물의 영장이라고 그동안 거들먹거리며 살았던 인류는 지난 몇 년간 팬데믹을 지나며 정말 처참했습니다. 제가 얼마 전 세계보건기구(WHO) 웹사이트에 들어가서 확인해 봤을 때, 공식 집계된 수치만으로도 코로나19 감염자 수는 7억 명이 넘었습니다. 돌아가신 분도 700만 명이 넘습니다.

경제에 관심이 있는 독자라면 영국의 유명한 경제 잡지 《이코노미스트》를 들어 보셨을 텐데요, 이 잡지에서는 코로나19 유행 기간 내내 줄기차게 확진자 수치가 과소 집계되었다고 이야기했습니다. 《블룸버그》는 한국을 세계에서 가장 방역을 잘한 나라 중 하나로 꼽았습니다. 여러분도 경험했듯이, 동네마다 선별진료소가 마련되어 조금만 몸이 이상하면 가서 검사를 받고 바로 다음 날이면 코로나 감염 여부를 알 수 있었습니다.

그런데 세계의 정말 많은 곳에서는 그런 보건 의료 지원이 불가능했습니다. 자기가 감염된 줄도 모른 채, 병원에도 가 보지 못한 사망자들도 부지기수였습니다. 그러한 사람들은 감염자 수치로 집계되지 않았습니다.

또한 우리나라에서도 평소에 지병이 있는데 코로나 환자 증가로 병상이 부족하여 제대로 된 진료를 받지 못하고 돌아가신 분들이 있습니다. 《이코노미스트》는 그런 분들이 코로나 희생자로 집계되어야 한다 주장했습니다. 저는 이런 주장이 타당하다고 생각합니다.

그뿐만 아니라 《이코노미스트》는 코로나로 인해 경제적인 어려움을 겪다가 스스로 목숨을 끊거나 과로하여 사망한 경우까지도 포함해야 한다고 기술했습니다. 그런 사례를 포함할 경우 코로나 희생자는 700만 명이 아니라 어쩌면 2,000만 명에 육박할지도 모른다는 것이 《이코노미스트》의 분석입니다. 2,000만 명이 목숨을 잃었다고 한다면 정말 끔찍한 일이 아닙니까? 우리나라 인구가 5,000만이 조금 넘는데, 두세 명 중 한 명이 사라진 꼴이라는 겁니다.

이런 어마어마한 일이 왜 일어났을까요? 물론 자연에서 벌어지는 많은 일의 인과관계를 밝히기란 결코 쉽지 않습니다. 하지만 여러 가지 정황적 증거를 보면 기후변화가 배후에 있었으리라는 것을 모두가 짐작할 수 있습니다.

박쥐는 왜 혐오의 아이콘이 되었을까

저는 열대생물학자입니다. 겉으로는 '차가운 도시 남자'처럼 보이겠지만 열대 정글을 평생 누비고 다닌 사람인데요. 열대 정글에 가면 박쥐를 자주 만납니다. 그런데 지금 그 박쥐가 혐오의 대상이 되었습니다. 이번 세기 들어 우리나라가 겪은 코로나바이러스 질병들인 사스, 메르스, 이번 코로나19가 전부 박쥐로부터 왔다는 사실이 역학조사를 통해 밝혀졌습니다.

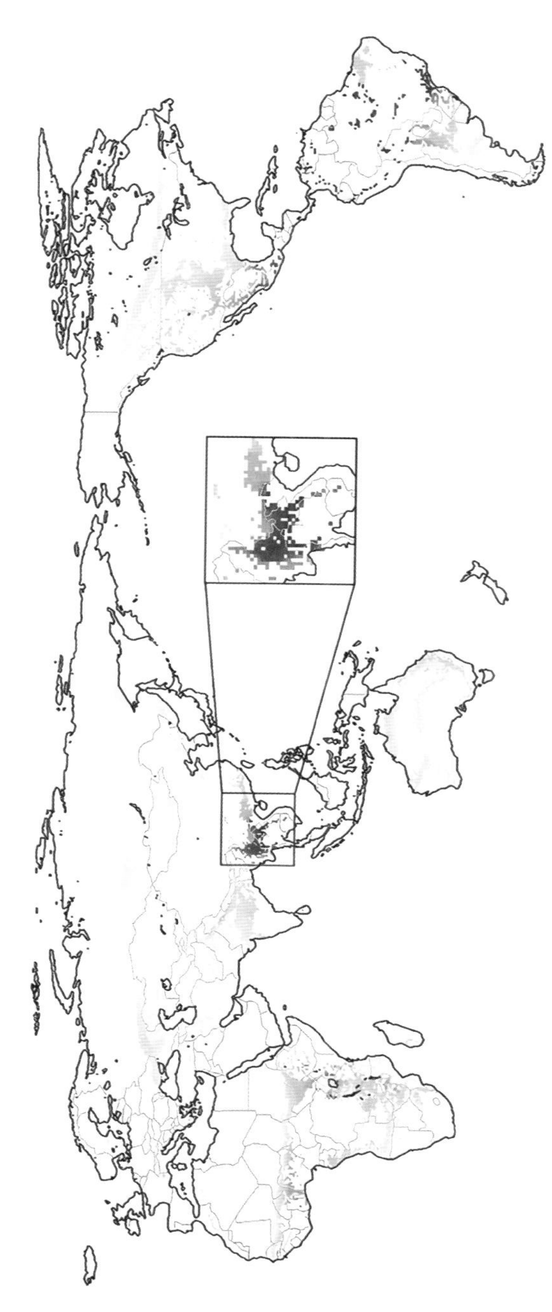

지구온난화와 박쥐의 분포 변화

자료 :《종합환경과학》

그런데 이 박쥐들이 최근에 온대 지방으로 자꾸 옮겨 오기 시작했습니다. 왜 그럴까요? 온대 지방의 기온이 자꾸 오르면서 박쥐들이 분포를 확장한 겁니다. 2021년 5월 《사이언스 오브 더 토털 인바이런먼트Science of the Total Environment》에 실린 영국 케임브리지대학교의 논문에 따르면, 지난 100년 동안 박쥐의 분포 변화를 빅데이터 분석한 결과 온대 지방에 박쥐의 생물 다양성 거점 지역이 새롭게 생겼다고 분석합니다. 그중 가장 두드러진 곳이 바로 중국 남부 지역으로 드러났습니다. 중국 남부 지역에 지난 100년 동안 열대 박쥐 40여 종이 이주하여 정착했다는 것입니다.

열대 박쥐들은 바이러스를 달고 삽니다. 그들은 바이러스에 별로 피해를 입지 않습니다. 이 논문에서는 열대 박쥐들이 코로나바이러스를 종당 평균 2.67종류 가지고 다닌다고 결론 내렸습니다. 40여 종에 2.67을 곱하면 100이 넘겠죠? 지난 100년 동안 중국 남부 지역으로 100종 이상의 코로나바이러스가 진입했다는 것입니다. 그 100종 이상의 코로나바이러스 중에서 어떤 한 놈이 이번에 인류를 제대로 공략한 것입니다. 여기에 교훈이 있습니다.

기후변화가 어떤 형태로든 멈추지 않으면 열대에 있는 박쥐들은 계속해서 온대로 옮겨 올 것이고, 그들이 가지고 오는 바이러스나 박테리아 때문에 앞으로 우리는 이런 일을 끊임없이, 아마도 점점 자주 겪을 수밖에 없습니다.

재앙의 판도가 바뀐다

제가 요즘 입에 달고 사는 표현은 바로 이것입니다. '재앙의 판도가 바뀌는 것 같다.' 옛날 선진국에서는 전염병이 유행하지 않았습니다. 전염병은 후진국에서 벌어지는 일이었으니 말입니다. 그런데 이번에 코로나19로 인해 가장 많은 사망자가 나온 나라가 어디입니까? 바로 미국입니다. 세계 제일의 선진국 미국이 가장 처참하게 당했습니다.

홍수는 또 어떤가요? 선진국에서 왜 큰 홍수 피해가 발생할까요? 2021년 여름, 독일, 룩셈부르크, 네덜란드에서 홍수가 있었습니다. 이런 나라들은 선진국인 줄 알았는데, 배수 시설을 제대로 갖추지 않았던 걸까요? 예컨대 네덜란드는 국토의 많은 부분이 해수면보다 낮은 나라이고, 아마도 배수 시설 기술로는 세계 최고일 것입니다. 그런데 이런 선진국들이 왜 이렇게 당했을까요? 답은 간단합니다. 배수 시설이 감당할 수 없을 정도의 비가 갑자기 쏟아지는 바람에 속수무책으로 당한 것입니다.

그런 폭우에 취약한 지역이 우리나라 서울에도 한 곳 있습니다. 2022년 8월, 기록적인 폭우가 강타했을 때 한 시민이 침수된 제네시스 차량 위에서 스마트폰을 들고 세상을 달관한 표정으로 앉아 있는 모습이 화제가 되었습니다. 그 유명한 사진 속 장소가 바로 강남역입니다.

강남역 주변은 해마다 이런 상황을 겪습니다. 개발 당시 강남 지역 일대는 농지였습니다. 평평하기 때문에 신도시로 개발했지만, 완벽하게 평평할 수는 없습니다. 그런 탓에 강남역 주변은 다른 곳보다 조금 낮습니다. 물은 낮은 곳으로 계속 모이게 마련입니다. 강남역 주변의 배수 시설이 역삼역 배수 시설보다 못해서가 아니라 그저 배수 시설이 감당할 수 없을 정도로 많은 물이 강남역으로 모이면서 결국 심각한 홍수 피해가 발생하는 것입니다.

2020년 여름에는 우리나라 중부지방에 장맛비가 무려 54일 동안 쏟아졌습니다. 역대 최장 장마였습니다. 당시 서울 시내 아파트의 모습을 보면 야외에 세워진 차량이 물에 거의 다 잠길 정도로 빗물이 들어찬 상황이었습니다. 이렇듯 재앙의 판도가 바뀌고 있습니다. 선진국과 후진국을 가리지 않고 재난 상황이 마구잡이로 벌어지는 세상이 되었습니다.

지구를 장악한 호모사피엔스

저는 이번 코로나19 사태는 기후변화도 배후에 있겠지만 생물 다양성이 주요 변수였다고 생각합니다. 우리 호모 사피엔스가 지구에 등장한 것이 길게 보면 약 30만 년 전입니다. 그 30만 년 중에 절대적으로 긴 시간인 29만 년 정도의 시간 동안 인류는 진짜 별 볼 일 없이 하찮은 존재였습니다. 그러다 지난 1만여 년 전부터 농경문화가 시작되면서 인류의 숫자는 폭발적으로 늘어났습니다.

그래서 생물학자들은 호모사피엔스의 생태적 존재감을 계산해 보았습니다. 농경 사회 이전의 인류가 어떤 존재였는지를 계산해 보고 지금과 비교해 보기로 한 것입니다. 농경 사회 이전, 그러니까 지금으로부터 1만 년 내지 1만 3,000년 전 지구에는 우리나라 인구 정도인 약 5,000만에서 6,000만 명이 있었던 것으로 파악됩니다.

4만 년, 3만 년 이전부터 인류는 개와 고양이를 기르고 있었습니다. 그 무게까지 합쳐서 그 순간 지구에 살았던 모든 포유동물과 새들의 전체 중량에서 인류와 개, 고양이가 차지하는 비율을 계산해 봤더니 1퍼센트가 채 되지 않습니다. 인류는 그 정도로 존재감이 없는 종이었습니다.

그러나 지금 그 계산을 다시 해 볼까요? 먼저 인류는 80억 마리입니다. 죄송하지만 제가 생물학자이니 인간도 마리로 세었습니다. 80억 마리 곱하기 65킬로그램 하면 인류 전체의 무게가 대략적으로 나옵니다. 또 지금 인류는 개, 고양이만 기르는 것이 아닙니다. 소, 돼지, 말, 오리, 닭, 타조, 이구아나, 동물원의 온갖 동물을 다 합해서 지금 이 순간 지구에 살고 있는 모든 포유동물과 모든 조류의 전체 중량에서 인류와 인류가 기르는 동물의 무게를 비교해 보면, 무려 96퍼센트 내지 99퍼센트입니다.

불과 1만여 년 만에 생태적 중량의 1퍼센트 미만을 차지했던 인류는 야생동물을 1퍼센트 남짓으로 줄여 버리고 완벽하게 지구를 장악했습니다. 저 야생동물의 몸에 붙어서 살고 있는 바이러스가 너무나 살기가 힘들어서 이주하면 거의 백발백중 인류 아니면 인류가 기르는 동물에게 도착합니다. 무슨 이야기냐 하면, 확률적으로 앞으로 이런 일은 끊임없이 점점 더 자주 벌어질 수밖에 없다는 것입니다. 결국 다양성의 문제입니다.

"자연은 순수를 혐오한다Nature abhors pure stands." 다윈 이래 가장 위대한 생물학자이자 제가 존경하는 윌리엄 해밀턴 교수의 멋진 문장입니다. 자연은 순수한 것으로 알고 있는데 순수를 혐오하다니 무슨 뜻일까요?

코로나19 바이러스는 알파로 시작했다가 베타로 변이했다가 인류의 피해가 막심했던 델타로 변이를 거듭했습니다. 그뿐만인가요. 오미크론과 그 이후의 변종들이 계속해서 나타났습니다. 1년 반 유행 동안 코로나바이러스는 계속 변신했습니다. 이처럼 자연은 끊임없이 다양화를 추구합니다. 그런데 그 속에 사는 우리 호모 사피엔스는 왠지 다양성을 자꾸 줄이기만 하는 것 같습니다.

바이러스로부터 인류를 지키는 세 가지 백신

그나마 인류가 이번에는 백신을 빨리 개발해서 얼마나 다행이었습니까? 앞으로 이런 일이 계속 벌어질 텐데, 계속 '화학 백신'에만 의존해서는 이 끈질긴 유행의 굴레를 벗어나지 못할 것 같아 제가 백신을 두 가지 더 개발했습니다.

그것은 바로 '행동 백신'과 '생태 백신'입니다. 저는 단연코 제 백신이 여러분이 팔뚝에 맞은 백신보다 탁월하다고 생각합니다. 행동 백신은 손을 잘 씻고 마스크를 잘 쓰고 '거리두기'를 잘하는, 우리의 행동으로 우리를 지킬 수 있는 백신입니다. 우리는 행동 백신을 전염병 유행 상황이 벌어질 때마다 '접종해야' 합니다.

그런데 이보다 원천적으로 좋은 백신이 있습니다. 자연계로부터 인간계로 나쁜 바이러스가 건너오지 못하도록 그 경계에 백신을 치자는 것입니다. 이게 무슨 이야기냐고요? 생태학자와 환경 운동가들이 그렇게 외쳤던 "자연을 보호합시다."라는 이야기입니다.

이제는 자연보호에 동참합시다. 우리는 사회 구성원의 70~80퍼센트가 함께 백신을 접종하지 않으면 집단면역을 이룰 수 없다는 것을 배웠습니다. 그러니 이제는 자연보호에 세계 인구의 70~80퍼센트가 동참하자고 이야기하고 싶습니다. 저는 그렇게만 하면 상황이 지금과는 달라지리라고 생각합니다.

그래서 저는 우리가 기술적 전환, 정보적 전환보다 죽고 사는 문제를 고민하고, 자연과 호모사피엔스의 관계를 제대로 정립해야 할 때라고 이야기합니다. 이에, 저는 생태적 전환을 이루어야 한다고 강조해 왔습니다. 기후 깡패, 기후 얌체보다 더 피해야 할 것은 기후 바보가 되는 것입니다. 우리의 노력이 의미 없는 것은 아닐지, 어쩌면 너무 늦은 건 아닐지 묻는 분들이 있습니다. 저는 그래서 가끔 강연 중에 이렇게 얘기합니다. “뭘 이렇게 강연 들으러 오셨어요? 클럽에 가시지. 이제 얼마 안 남았는데 그냥 즐기다 갑시다.” 하지만 그럴 수는 없습니다. 제가 존경하는 제인 구달 박사는 늘 희망을 이야기합니다. 작년에 구달 박사가 방한했을 때 저는 이렇게 말씀드렸습니다. “희망을 얘기하려면 희망을 얘기할 수 있는 근거가 필요한데 요즘 근거 찾기가 참 어려운 것 같습니다.” 그랬더니 구달 박사님이 이렇게 답했습니다. “그런 면은 있지만, 우리 인간의 어떤 불굴의 의지가 결코 이 문제를 그대로 흘러가도록 좌시하지 않을 것입니다.”

저는 평생 과학을 해 왔기에 증거를 꺼내 놓고 싶은 마음이 큽니다. 인류가 코로나 바이러스와 함께 3년을 보내면서 깨달은 것이 있습니다. 지난 10여 년 동안 파란 하늘을 한 번도 못 보았다가 코로나가 터지고 파란 가을 하늘을 여러 번 볼 수 있었습니다. 어쩌면 저희 생물학자들은 그동안 자연이 파괴되는 것은 열심히 살펴보았지만 이렇게 자연이 복원되는 과정은 지켜보지 못했던 것 같습니다. 우리나라 DMZ의 경우, 70년 동안 인간이 들어가지 않아서 자연이 훌륭하게 복원되었습니다. 그러나 그 모습을 관찰하지는 못했습니다. 70년 동안 늘 들어가서 수치를 적었다면 지금 분석할 것이 있었을 테지만 그런 자료가 별로 없습니다.

저는 후배 교수에게 요즘 기회만 닿으면 열심히 떠듭니다. “자연이 스스로 돌아오는 과정을 세밀하게 관찰하고 기록으로 남기자.” “어쩌면 자연은 우리가 생각한 것보다 훨씬 빨리 되돌아올지 모른다.” “자연의 회복력은 우리가 생각한 것보다 훨씬 강할지 모른다.” 만약에 인류가 그 자료를 손에 쥐면 그때는 우리에게 희망의 증거가 있다고 말할 수 있지 않을까 싶습니다. 그래서 조금만 더 노력하면 자연이 회복할 수 있을 것이라고 이야기할 수 있을지도 모르겠습니다. 과학자로서 지금 해야 하는 일 중 하나가 그런 증거를 찾는 것이라는 생각을 하고 있습니다.

지금 우리가 위치한 곳에서 할 수 있는 것들

『여섯 번째 대멸종』을 써서 퓰리처상을 받았던 엘리자베스 콜버트라는 언론인은 최근에 또 『화이트 스카이』라는 책을 썼습니다. 저는 생물학자, 순수과학자이다 보니 사실 그동안 기술 쪽 주장에는 썩 귀를 기울이지 않았습니다. 어떤 분들이 ‘우리가 기술을 개발해서 배출된 이산화탄소를 다 포집해서 기후 문제를 한 번에 해결해 주겠다’고 하면 저는 ‘참 어리석다.’라고 생각했는데, 그 책에서는 전혀 다른 이야기를 합니다. ‘지금 그럴 겨를이 없다. 모든 걸 다 해야 한다. 기술도 개발하고 우리의 삶, 일상생활도 바꿔야 한다. 이건 되고, 저건 안 된다고 하지 말자, 그럴 겨를이 없다.’라고 말입니다. 실제로 지금 외국에서는 별의별 기술들을 다 시도하고 있습니다. 대기권에 다이아몬드를 뿌리자는 기술까지 있으니까요. 저는 생각을 바꾸기로 했습니다. 할 수 있는 모든 걸 다 해 봐야 하는 그런 시점에 우리가 와 있다는 말에 공감하기 때문입니다.

'내가 앞으로 무슨 일을 할 것인가'를 고민하는 젊은 세대에게도 지금 우리에게 닥친 가장 시급한 이 문제에 덤벼들어야 한다고 말하고 싶습니다. 반드시 저와 같이 생물학을 해야 한다는 것이 아닙니다. 생물학도 하고, 기상학도 하고, 기술 개발도 해야 합니다. 이제는 우리가 전 분야에 기후위기라는 핵심을 두고 할 수 있는 모든 걸 다 해야 한다, 그런 생각을 합니다.

사회학자들의 말에 의하면 우리 인류가 근대 시대에 접어들어 언어적 전환, 문화적 전환을 겪었다고 합니다. 그리고 지난 20여 년 동안에는 기술적 전환, 정보적 전환 이야기를 했습니다. 그러다 코로나19가 터졌습니다. 우리가 모든 것을 다 할 수 있다고 거들먹거리다 우리 중 누구도 생명에 대한 위협으로부터 자유로울 수 없는 상황 속에 속수무책으로 빠져버린 것입니다.

결국은 조화로운 삶, 지속 가능한 삶을 살아야 하는데 이게 참 어렵습니다. 지속 가능한 삶은 우리가 지금 누리고 있는 자연의 혜택을 우리 후손도 누리게 해 주자는 참 좋은 아이디어이지만, 정말이지 실천으로 이루어지지는 않습니다. 왜일까요? 아마도 후손이라는 얼굴도 못 볼 놈에게 희생하려니 잘 안 되는가 봅니다.

저는 마지막을 박경리 작가의 말씀으로 갈음하겠습니다. 박경리 작가는 일찌감치 이런 말씀을 하셨습니다. "원금은 건드리지 말고 이자만 가지고 살아 봐라." 저는 이 말이 지속 가능성의 핵심을 꿰뚫었다고 생각합니다. 지금 있는 자연환경을 건드리지 말라는 것입니다. 자연환경을 그대로 두고 이 상황에서 어떻게든 우리끼리 잘 사는 방법을 찾아보아야 합니다. 그리고 여기에 하나만 보태겠습니다. 망가진 자연을 우리의 손으로 되돌려놓고 나서 세상을 떠나야 합니다. 우리가 저질렀기 때문입니다. 그렇게만 한다면 우리 후손에게도 좋은 자연환경을 물려줄 수 있을 것입니다.

2장

기후위기, 파국의 시점은 언제인가?

조천호

기후라는 유산, 우리는 어떻게 쓰고 있는가

2022년에 발간된 기후변화에 관한 정부간 협의체Intergovernmental Panel on Climate Change, IPCC 6차 정책 결정자를 위한 평가보고서(AR6) 표지 그림의 제목은 '우리는 지구를 조상으로부터 물려받았고, 후손으로부터 빌렸다'는 아메리카 인디언의 격언입니다. 지금 우리는 빌린 지구를 마치 주인인 것처럼 마음껏 쓰다가 결국 미래 세대가 지속할 수 없는 상태로 만들고 있습니다. 그로 인해 나타나는 대표적인 현상이 기후위기입니다.

인류에게 닥친 기후위기의 두 가지 질문에 대해 함께 생각해 보려 합니다. 기후위기에 대하여 '이번 세기 안에 문명 붕괴가 일어난다', '앞으로 6~7년 후에 파국에 빠질 것이다', 심지어는 '1~2년 안에 견디기 힘든 위험이 발생한다'는 여러 가지 이야기가 있는데, 과연 기후위기가 언제 시작할지가 첫 번째 질문입니다.

두 번째는 기온이 섭씨 1.5도 또는 2도 이상 상승하면 인류는 바로 멸망의 낭떠러지로 떨어지게 되는가에 대한 질문입니다. 이 두 가지 질문에 대해 IPCC 6차 평가보고서가 어떻게 답했는지를 살펴보겠습니다.

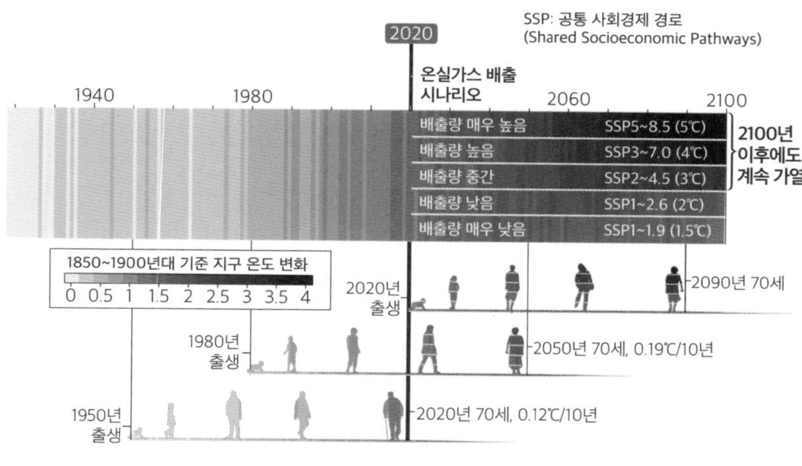

1900년 이후 2020년까지의 기온 상승과 2100년까지의 온실가스 배출 시나리오에 따른 기온 상승, 그리고 1950년, 1980년, 2020년에 태어난 각 세대의 생애 동안 나타날 지구온난화를 보여 준다.

자료 : IPCC

이 그림은 IPCC 6차 정책 결정자를 위한 평가보고서의 첫 번째 그림입니다. 1900년에서 2020년까지의 관측 결과 지구 평균기온은 인류의 활동에 의해 섭씨 1.1도 상승했습니다. 자연적으로도 기후변화가 일어납니다. 공룡이 멸종한 기원전 6,500만 년 이후 자연에서 가장 빠른 기온 상승 속도는 1,000년에 1도였습니다. 그런데 우리 인류는 화석연료를 태워서 100년 만에 1도를 상승시켰습니다. 즉 인류가 일으킨 기온 상승 속도는 자연에서 가장 빠른 속도보다 10배나 빠릅니다.

이렇게 빠르게 기온이 상승하면 어떤 일이 일어날까요? 기온 상승이 급격하게 일어나면 기후 균형이 무너집니다. 이에 따라 기후가 불안정해져 극단적인 날씨가 자주 발생합니다. 1980년에 전 세계 극단적인 날씨는 200회 정도 발생했는데, 최근 극단적인 날씨는 매년 900회를 돌파하고 있습니다. 즉, 극단적인 날씨의 빈도는 지난 40년 동안 이미 4배 이상 증가했습니다.

이미 방아쇠는 당겨졌다

인류가 빠르게 기온 변화를 일으키고 있기 때문에 이제는 자연이 미래 기후를 결정하지 못합니다. 미래 기후는 여러 시나리오로 전망하는데요, 인류가 어떤 사회를 만드느냐에 따라서 온실가스 배출량이 달라지고, 그 온실가스 배출량에 따라 미래 기후가 결정됩니다.

온실가스가 배출되는 한 기온은 계속 상승합니다. 이에 대해서 안토니우 구테흐스António Guterres 유엔 사무총장은 "우리는 지옥을 향한 고속도로에서 가속페달을 밟고 있는 중"이라고 표현했습니다.

시속 100킬로미터, 150킬로미터, 200킬로미터와 300킬로미터는 각각 기온이 섭씨 1도, 1.5도, 2도와 3도 상승하는 경우라고 여길 수 있습니다. 시속 50킬로미터로 달리다 10킬로미터를 더 가속해 60킬로미터로 달릴 때 그 10킬로미터 가속으로 인한 위험을 인지하는 것은 어렵습니다. 마찬가지로 기온이 0.5도에서 0.1도 가량 상승한다 해도 그 0.1도 상승으로 인한 위험을 인지하는 것이 어렵습니다. 하지만, 시속 100킬로미터를 넘으면 10킬로미터를 가속할 때마다 그 위험성이 더 뚜렷해집니다. 시속 150킬로미터를 넘으면 위험성이 급격히 커집니다. 시속 200킬로미터를 넘으면 위험을 각오해야 하고 시속 300킬로미터를 넘으면 살 수 있는 확률이 거의 없습니다. 지구 평균기온이 3도까지 올라가게 된다면 우리는 문명 붕괴를 걱정해야 하는 상황에 치달았다고 봐야 합니다. 이미 인류는 1.1도를 상승시켰습니다. 지금부터 0.1도 더 상승할 때 기후 위험은 뚜렷하게 드러나게 될 것입니다. 그러므로 상승 폭이 1.5도 또는 2도를 넘어서면, 바로 낭떠러지 아래로 떨어진다기보다는 지뢰밭으로 점차 깊이 들어가는 것과 같습니다.

2040년경까지 우리가 어떤 시나리오를 선택하든 기온은 계속 상승합니다. 즉 기후대응을 하든 하지 않든 상관없이 기후위기가 일어난다는 것입니다. 왜 그럴까요?

기후위기는 우리가 지금 배출하는 탄소량에 의해서 결정되는 게 아니라 산업혁명 이후 누적된 탄소량에 의해서 일어나기 때문입니다. 1950년에 태어난 사람은 살아생전 10년 동안 섭씨 0.12도, 1980년에 태어난 사람은 10년 동안 섭씨 0.19도의 기온 상승을 경험했습니다. 즉, 나이가 어릴수록 더 큰 기후위기에 빠지게 됩니다. 기성세대는 화석연료를 태워서 대단한 편익을 누렸습니다. 그런데 그 결과로 배출된 온실가스는 바로 사라지지 않고 수백 년, 수천 년 동안 공기 중에 그대로 남게 됩니다. 미래 세대는 화석연료를 태운 편익은 하나도 없이 위험만 고스란히 안고 살아야 합니다. 그래서 IPCC 6차 평가보고서에서는 세대 간 정의의 문제를 첫 번째로 지적하고 있습니다.

우리의 발목을 잡는 이산화탄소

인간 활동으로 배출되는 이산화탄소가 1,000GtCO_2(기가이산화탄소환산톤) 증가할 때마다 지구 평균기온은 약 0.45도 상승합니다. 즉, 지금까지 온실가스가 대기 중에 얼마나 누적됐느냐에 따라 기온 상승이 결정됩니다. 기온이 1.5도에서 2도 상승하는 것을 막는 지구온난화 억제 목표까지 인류에게 허용된 누적 탄소 배출량을 '탄소 예산carbon budget'이라고 합니다. 탄소 예산은 허용할 수 있는 기온 상승 폭이 얼마인지에 따라서 달라지게 됩니다. 산업혁명 이전을 기준으로 탄소 예산을 표현할 때는 총 탄소 예산total carbon budget이라고 하며, 현 시점을 기준으로 할 때는 잔여 탄소 예산remaining carbon budget이라고 합니다.

산업혁명 이후 지금까지 인류는 2,400GtCO_2의 이산화탄소를 배출했습니다. 기온 1.5도 상승을 막으려면 2,900GtCO_2 이하로 배출을 해야 합니다. 그래서 잔여 탄소 예산은 500GtCO_2(5,000억 톤)입니다. 지금 인류는 매년 약 50GtCO_2의 이산화탄소를 배출하고 있습니다. 2020년을 기준으로, 지금과 같이 배출량이 유지된다고 하면 2030년에 기온 상승 1.5도를 넘을 수 있는 이산화탄소가 이미 공기 중에 모두 배출되고 맙니다.

잔여 탄소 예산 500GtCO_2만 배출하여 기온 1.5도 상승을 막을 수 있는 확률이 얼마일까요? 아무리 높아도 50퍼센트 남짓입니다. 즉, 2050년 탄소중립에 도달해서 공기 중 이산화탄소를 늘리지 않았다 해도 1.5도 상승을 막을 수 있는 확률이 잘해야 50퍼센트 수준밖에 되지 않는다는 것입니다. 그만큼 우리는 절박한 상황에 몰려 있습니다.

기온 2도 상승을 83퍼센트의 확률로 막으려면 잔여 탄소 예산은 850GtCO_2입니다. 이 확률을 67퍼센트 수준으로 낮춘다면 잔여 탄소 예산은 1,200GtCO_2입니다. 잔여 탄소 예산이 커질수록 기온 상승을 막을 수 있는 확률이 낮아집니다. 온실가스가 지속적으로 배출되고 있으므로 미래 위험 확률이 점점 더 우리에게 불리하게 바뀌고 있습니다.

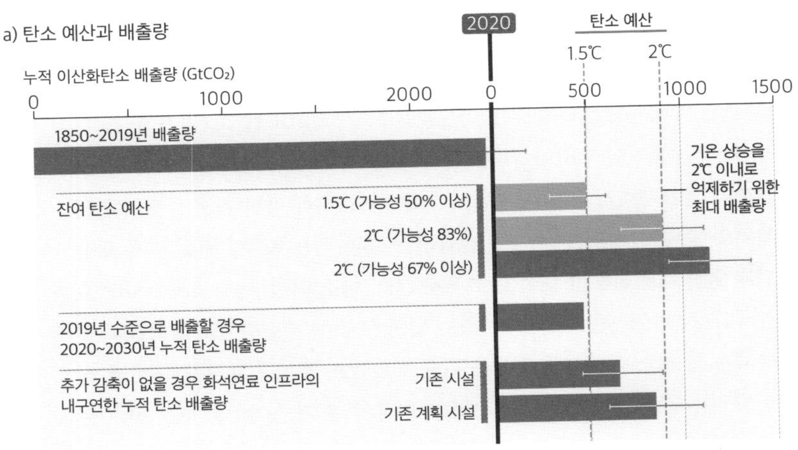

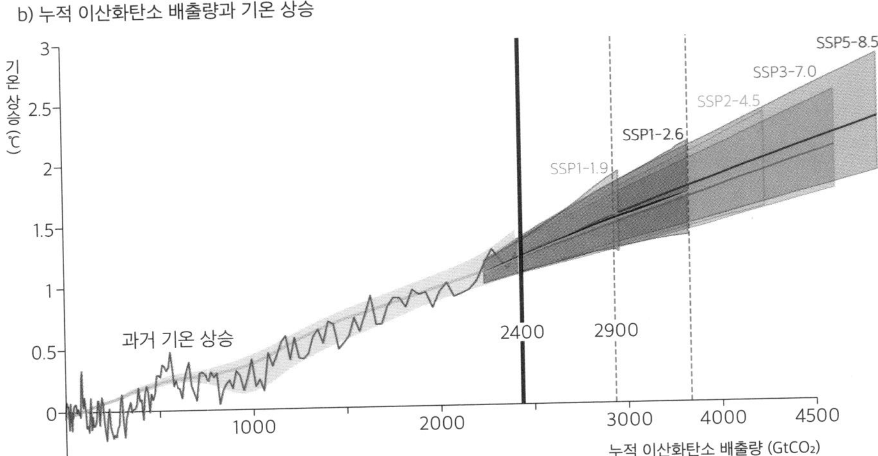

(a) 기온 상승을 1.5℃와 2℃ 이하로 막기 위한 잔여 탄소 예산
(b) 누적 이산화탄소 배출량과 지상 기온 상승 간의 관계

그래프 a에서 막대그래프의 얇은 선은 탄소 예산 및 배출량의 변동 폭을 나타낸다. 그래프 b의 검은색 가는 선은 1850~1900년 기간을 기준으로 상승한 지상 기온 관측값 대비 과거 누적 이산화탄소 배출량을 보여 준다. 컬러 영역은 각 시나리오별 가능성이 큰 미래 지상 기온 범위이며 굵은 컬러 중앙선은 각 시나리오에서 누적 이산화탄소 배출량의 함수로서 중간 추정값을 나타낸다.
자료 : IPCC

잔여 탄소 예산이 남아 있다고 해도 어디까지나 확률적이지 절대적으로 안전한 것은 아닙니다. 사실 확률 67퍼센트도 안심할 수 있는 수준은 아닙니다. 비행기를 타고 가는데 안전할 확률이 67퍼센트라면 누가 그 비행기에 타겠습니까? 이미 위험을 완벽하게 막는다는 것은 불가능합니다. 지구온난화를 막을 수 있는 확률은 100퍼센트가 아닙니다. 100퍼센트 확률로 1.5도 상승을 막는다고 했을 때 남아 있는 이산화탄소량은 이미 전혀 없을 것이기 때문입니다. 1.5도뿐만 아니라 2도인 경우도 마찬가지입니다. 만약 기온의 2도 상승을 90퍼센트 이상의 확률로 막으려면 지금 당장 모든 탄소 배출을 중단해야 합니다. 탄소 배출량도 빠르게 줄이고 운도 좀 따라 줘야 지금보다 더 악화한 상태에서 멈출 수 있는 여지가 남아 있다는 게 현재 기후 현실입니다.

기존 화석연료 기반 시설을 예정된 수명까지 그대로 운영하는 경우, 누적 이산화탄소 배출량은 약 $700GtCO_2$에 이르므로 기온이 1.5도 이상 상승하게 됩니다. 여기에 계획 중인 화석연료 기반 시설까지 더하면, 누적 이산화탄소 배출량은 약 $900GtCO_2$이므로 2도에 다다를 수 있습니다. 기후를 안정시킨다는 것은 현재 운영 및 계획 중인 화석연료 기반 시설을 예정된 수명까지 운영할 수 없다는 것을 의미합니다.

이처럼 기존에는 사업성이 있어 투자가 이뤄졌지만, 시장과 사업 여건 변화로 가치가 하락하고 지속이 불가능해지는 자산을 좌초 자산stranded asset이라 합니다. 특히, 영국의 금융 분야 싱크탱크인 '카본 트래커 이니셔티브Carbon Tracker Initiative'는 우리나라 좌초 자산 규모가 1,060억 달러로 전 세계에서 가장 크다고 분석했습니다. 이는 갈수록 수익성이 떨어지는 석탄 화력발전을 불합리한 전기 요금 제도와 전력 시장 구조로 뒷받침하기 때문이라고 지적했습니다.

높아지는 기온, 도사리는 위험

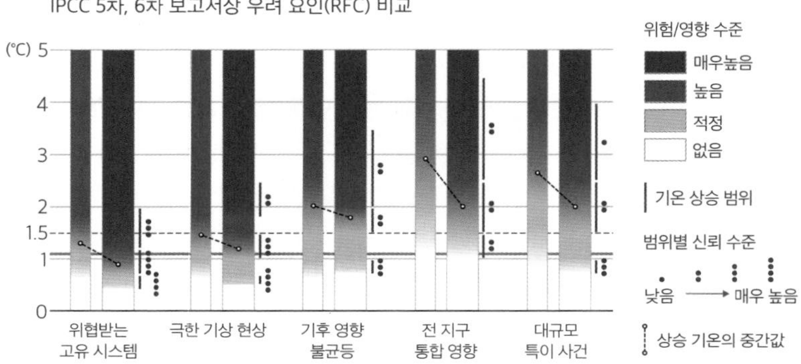

우려 요인의 수준

노란색은 위험을 감지하는 수준, 빨간색은 위험 가능성이 높은 수준, 그리고 진한 보라색은 위험 가능성이 매우 높은 수준이다. RFC는 적응을 하지 않는 경우를 가정하여 산출되었다. 폭이 얇은 막대는 2014년 IPCC 5차 평가보고서, 폭이 넓은 막대는 2022년 IPCC 6차 평가보고서의 결과이다. 과학 증거와 연구가 축적될수록 기온 상승 폭이 작아도 기후위기가 일어날 수 있다는 것을 보여 준다.

자료 : IPCC

IPCC 6차 적응 평가보고서는 다양한 영역과 부문에서 기후 위험 수준을 분석하였습니다. 5가지 항목으로 구성된 우려 요인Reason For Concern, RFC은 기온 상승에 따라 지역부터 전 지구까지 여러 규모에 걸친 인간, 경제와 생태계에 끼치는 핵심 위험을 나타냅니다.

위협받는 고유 시스템(RFC 1)은 지구온난화가 가속화하면서 그 영역이 뚜렷하게 줄어드는 지역과 생태계에서 발생하는 위험입니다. 대표적인 것이 산호초, 북극해 빙하, 산악빙하와 생물 다양성 등입니다. 고유 시스템은 이미 위험 수준에 도달했습니다. 기온이 1.5도 이상 상승하면 고위험에 빠질 것으로 전망합니다. 2도 이상 상승하면 적응 역량이 떨어지는 생물종뿐만 아니라 이와 연계된 인간계와 자연계에 큰 위험을 일으킬 것입니다.

극한 기상 현상(RFC 2)은 건강, 생계, 자산과 생태계에 위험을 일으킵니다. 그 대표적인 것이 폭염, 홍수, 가뭄, 산불과 해안 침수 등입니다. 최근 감지되기 시작한 극한 재난은 기온이 1~1.5도 상승하면 급격히 위험성이 커지고, 2도 상승하면 매우 심각한 단계로 진입할 것으로 전망합니다.

기후 영향 불균등(RFC 3)은 기후위기로 인한 재해, 노출 또는 취약성이 특정 지역이나 집단에게 불균등하게 일어나는 것을 의미합니다. 특히, 지역에 따라 식량 생산에 큰 차이가 일어날 것입니다. 앞으로 지구온난화로 인해 식량 생산량은 상대적으로 풍요로운 고위도 지역에서 증가하는 반면, 상대적으로 가난한 열대 지역에서는 감소할 것으로 내다보고 있습니다. 불평등한 위험은 기온이 1.5~2도 상승할 때 발생할 것으로 예상되며, 2~3.5도 상승 구간에서 고위험에 진입할 것으로 전망합니다.

전 지구 통합 영향(RFC 4)은 경제 피해, 인명 피해, 생물 다양성 감소 등, 전 지구적인 단일 지표로 집계할 수 있는 사회·경제·생태 시스템에서 일어나는 위험입니다. 전 지구적인 영향은 지구온난화 1도에서 감지되는 수준이며, 1.5~2.5도에서 위험에 들어서고 2.5~4.5도에서 고위험에 빠지게 될 것으로 예상합니다.

대규모 특이 사건(RFC 5)은 빙상 붕괴 또는 대서양 열염순환 속도 감소[1] 등 전 지구적으로 규모가 크고, 급변적이고, 돌이킬 수 없는 위험입니다. 점점 더 강력해지는 지속적 충격으로 지구는 멍들고 있습니다. 화를 꾹꾹 누르고 있는 상황에서 사소한 말 한마디가 더해지면 쌓였던 분노가 한꺼번에 폭발할 수 있습니다. 마찬가지로 지구도 온실가스라는 지속적인 외부 충격으로 열 받은 상태에서 그 한계를 넘으면 대규모 특이 사건, 즉 티핑포인트tipping point가 발생합니다. 이렇게 되면 생명체를 부양하는 시스템의 핵심적 부분인 섬세한 조화와 균형을 유지하는 자연적인 패턴, 순환이 무너지게 됩니다. 이후에는 지구의 위험 요소가 증폭되어 회복할 수 없습니다. 대규모 특이 사건은 1.5~2.5도와 2.5~4도 구간에서 각각 위험과 고위험 수준에 도달할 것으로 전망합니다.

기온이 2도 이상 상승하면 지난 1만 2,000년 동안 문명을 건설할 수 있었던 안정 상태의 기후에서 벗어나 불안정한 상황에 진입할 수 있습니다. 기후 영향 불균등(RFC 3), 전 지구 통합 영향(RFC 4)과 대규모 특이 사건(RFC 5)에 관련된 위험은 현재의 감지 수준에서 높음 수준으로 전환될 것입니다. 이때 극한 기상 현상(RFC 2)과 위협받는 고유 시스템(RFC 1)에 관련된 위험은 현재 높음 수준에서 매우 높음 수준으로 전환될 것으로 전망합니다.

기후위기의 원인과 결과 사이의 인과관계는 단선적으로 비례하지 않습니다. 그러므로 티핑포인트에 도달했다는 것은 '일이 일어난 다음'에야 분명해지곤 합니다. 이런 시차가 존재하기 때문에 우리는 경고 신호를 너무 늦게 알아차리기 십상이고, 그러는 만큼 적시에 대응하기가 쉽지 않습니다.

1 열염순환은 수온과 염분의 변화로 생긴 밀도 차에 의한 해류의 순환을 말한다. 지구온난화의 영향으로 극지방 빙하가 녹아 바다의 염도가 낮아지면, 해수가 침강하지 않아 지구의 거대한 해류 순환의 흐름이 약해지게 된다.

IPCC는 2001년 3차 평가보고서에서부터 티핑포인트를 본격적으로 다루었습니다. 이때만 해도 온난화 5도를 넘는 경우 티핑포인트가 일어날 가능성이 있다고 전망했습니다. 2018년에 발간된 IPCC '지구온난화 1.5도' 특별 보고서에서는 더 낮은 1~2도 온난화에서도 티핑포인트가 일어날 수 있다고 밝혔습니다. 2007년 4차 평가보고서까지는 티핑포인트 가능성을 온난화 2도 이상과 2도 미만에 거의 동일한 초점을 맞추었습니다. 하지만 최근 2013년 5차와 2021년 6차 평가보고서는 2도 미만의 온난화에 더 중점을 두고 있습니다.

6차 평가보고서에서는 다음 세기까지 티핑포인트가 일어날 확실한 증거는 아직 없지만, 그 가능성은 있다고 전망합니다. 티핑포인트가 불확실하지만, 지금 당장 바로 이곳에서 일어날 수 있다는 것입니다. 그 가능성은 온난화 1.5~2.5도 범위에서 '높음', 2.5~4도에서 '매우 높음'이 될 것으로 전망했습니다. 즉, 더 많은 관측이 축적되고 과학적 이해가 향상됨에 따라 티핑포인트가 이전에 전망했던 것보다 더 높은 확률로, 그리고 더 낮은 수준의 온난화에서 일어날 가능성이 커지고 있습니다.

지금은 과감한 결단이 필요한 때

IPCC 6차 평가보고서는 기후위기의 시급성과 심각성을 강조하면서도, 아직 이에 맞서 행동할 시간이 있고 필요한 모든 것을 갖추고 있다고 보았습니다. 우리는 기후위기로 인한 잠재적 파멸의 원인을 알고 있으니 파멸은 일어나게 될 필연이 아니라 선택일 뿐입니다. 기후위기의 원인은 우리에게 있으므로 결과도 우리가 만들 수 있는 것입니다. 기후위기를 늦추거나, 멈추거나, 되돌릴 시간이 여전히 있습니다. 그러니 희망을 놓지 말아야 합니다. 기후위기 대응은 지금 우리뿐만이 아니라 우리의 후손이 이 지구에서 살아갈 수 있느냐의 문제이며 전적으로 우리 능력 안에 있는 문제입니다. 위험한 사건이 지금 바로 일어나지 않는다고 나중으로 미루는 게 아니라 과학적 사실의 인식을 토대로 지금 당장 행동해야 합니다.

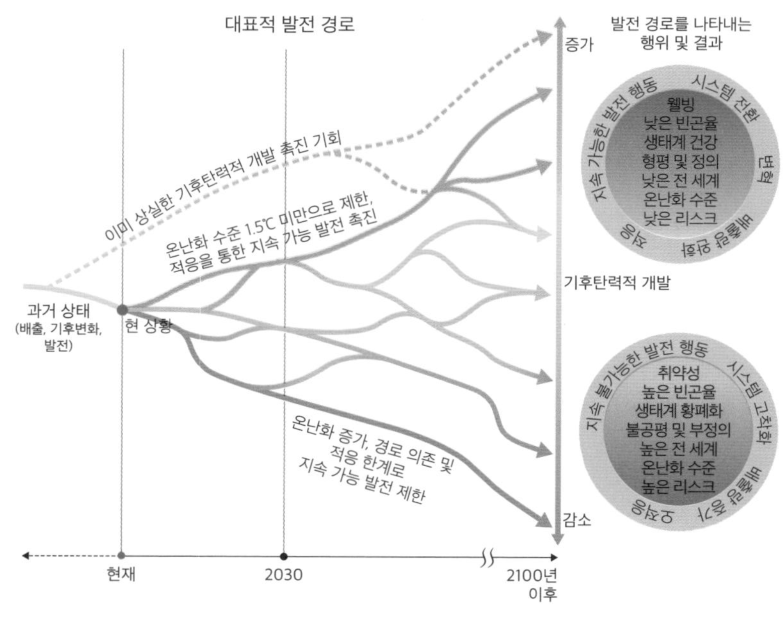

인류가 앞으로 선택할 수 있는 수많은 길

녹색은 지속 가능한 미래로 가는 길을, 붉은 색은 파국으로 가는 길을 의미한다.

자료 : IPCC

필사적인 상황에서는 필사적인 대응이 필요합니다. 중요한 조치를 취할 시간은 바로 지금입니다. IPCC 6차 평가보고서에서는 앞으로 2030년까지 우리의 선택과 행동이 그 후 수천 년 동안 영향을 미칠 것이라고 했습니다. 공정과 정의에 기반한 통합적이고 포용적인 체계로 전환하는 기후 회복력 개발을 더 지체한다면, 모두가 지속할 수 있는 기회의 창이 빠르게 닫힐 것으로 전망했습니다.

지금은 중요한 전환점이며 과거 그 어느 때보다도 과감한 결단이 요구되는 시기입니다. 기후위기로 인한 인류 파멸이 운명이 되어서는 안 됩니다. 현재의 삶을 바꾸지 않으면 앞으로의 삶이 위험해집니다. 이제 우리의 선택이 남았습니다.

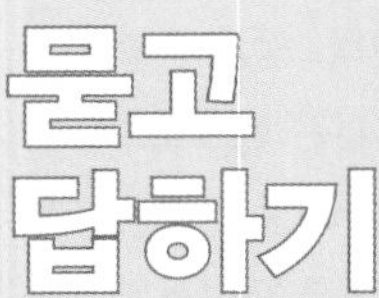

Q. 우리는 이미 늦은 게 아닐까요?

A. 지금 방식대로라면 늦은 건 맞습니다. 하지만 기후위기는 우리가 만든 것이기 때문에 우리 손으로 바꿀 수 있습니다. 앞서 기온 1.5도 상승을 막기 위해서 2050년에는 탄소중립에 도달해야 한다고 말씀드렸습니다. 앞으로 30년 후이니 지금부터 연구 개발을 열심히 하고, 에너지 효율을 높이고 전환하는 많은 일을 해야 합니다.

그렇다면 유엔에서는 2050년의 탄소중립만 목표로 제시하고 있을까요? 그렇지 않습니다. 중간 목표를 제시하고 있습니다. 그래서 2019년 기준으로 해서 2030년까지 약 43퍼센트를 줄여야만 2050년에 탄소중립에 도달할 수 있다고 합니다. 그러면 2024년을 기준으로, 앞으로 6년밖에 남지 않았습니다.

IPCC 6차 평가보고서에서 2030년까지 우리가 얼마나 이산화탄소 배출량을 줄일 수 있는지 계산했습니다. 이산화탄소 1톤을 줄일 때 100달러 미만의 기술로 줄일 수 있는 양을 다 더해 봤더니 현재 배출되는 양의 절반을 줄일 수 있다는 분석 결과가 나왔습니다.

IPCC 6차 평가보고서에 이런 문장이 있습니다. "장애물이 있을 뿐이다." 즉 정치적·경제적 기득권 때문에 기후위기를 극복하지 못할 수는 있어도 결코 돈이 없거나 기술이 없어서는 아니라는 것입니다. 우리가 만든 제도이고, 우리가 뽑은 의원이고, 우리가 만든 선출직 공무원들 아닙니까? 기존 체계가 기후위기를 막지 못한다면 우리가 싹 다 바꿔서 해낼 수 있습니다.

Q. 요즘에는 우리가 기후 유권자가 되자, 기후 투표를 하자, 기후 선거를 만들어 보자는 이야기가 지역과 풀뿌리에서 올라오고 있습니다. 이런 흐름과 관련해서 조천호 박사님의 기후 정치, 혹은 기후 투표, 기후 유권자로서의 태도나 중요성에 대해 이야기해 주십시오.

A. 기후위기를 막기 위해 개인이 윤리적 소비를 한다 해도 정치에 참여하지 않는다면, 좋은 사람은 될 수 있어도 기후위기를 막을 수 있는 좋은 세상은 만들 수 없습니다. 정치는 개인의 선한 마음을 증폭시켜 개인이 할 수 없는 멋진 결과를 만들어 낼 수 있습니다. 윤리 행동에서 시작된 변화가 법제화, 제도화로 나아가야 합니다. 사람이 착해서 선택하는 게 아니라 그리 되게 만드는 데까지 밀고 가야 합니다.

현재 우리 정치는 기득권 세력이 지배하고 있고, 선거는 증오와 혐오를 이용해 우리를 갈라놓습니다. 그럴수록 지구를 보호하고 공동체를 재건하며 민주주의를 되찾을 가능성은 점점 더 희박해져 갑니다. 그러므로 기후위기에서 진짜 위험은 정치인이 세상을 바꾸고자 하는 정치적 의지가 없다는 데 있습니다. 정치에서 기득권을 무너뜨려야 합니다. 그렇지 않으면 기득권이 기후위기를 막기는커녕 심화시켜 우리 사회가 붕괴할 것입니다.

시민의 정치적 의지로 지금보다 더 나은 세상을 만들어야 기후위기에서 우리 삶을 지켜 낼 수 있습니다. 시민들은 정치가를 포위해 압박해야 합니다. 기후위기에 대한 성찰적인 자각은 시민들의 참여와 사회운동의 활성화로 이어지고, 이를 통해 기후위기를 사회 공론의 장에서 해결할 수 있습니다.

인류가 걸어온 역사는 후손들에게 그 어떤 거대한 권력도 저항으로 바꿀 수 있다고 알려 줍니다. 정치란 불가능을 가능한 것으로 실현하기 위한 도전이고, 지금은 더욱 그래야 할 때입니다. 아직 재앙을 극복할 수 있는 시기입니다. 풀뿌리 연대가 이것을 해낼 수 있습니다.

3장

기후위기와 건강

채수미

기후변화의 위험을 결정하는 세 가지 요인

우리는 살면서 '기후변화'라는 말을 많이 접합니다. 전에는 보지 못했던 다양한 변화의 원인을 기후변화에서 찾는 경우가 많습니다. 그래서 결국 우리는 기후변화에 대해 더 큰 경각심을 느끼게 되었을까요, 두려움을 느끼게 되었을까요? 아니면 그 또한 자연스러운 변화라고 생각하게 되었을까요? 언제부터인가 기후변화가 아닌 '기후위기'라는 표현이 쓰이고 있습니다. 이 두 가지 표현은 의미가 다릅니다. 2050 탄소중립이라는 국가 목표 달성을 위한 법적 절차와 정책 수단을 규정한 「기후위기 대응을 위한 탄소중립·녹색성장 기본법」에서는 이 용어들을 다음과 같이 정의하고 있습니다.

'기후변화'란 사람의 활동으로 인하여 온실가스의 농도가 변함으로써, 상당 기간 관찰되어 온 자연적인 기후변동에 추가적으로 일어나는 기후 체계의 변화를 말합니다. '기후위기'란 기후변화가 극단적인 날씨뿐만 아니라 물 부족, 식량 부족, 해양 산성화, 해수면 상승, 생태계 붕괴 등 인류 문명에 회복할 수 없는 위험을 초래하여 획기적인 온실가스 감축이 필요한 상태를 말합니다. 다시 말하면, 기후변화는 자연스러운 것이 아니며 인류의 활동으로 나타난 변화입니다. 그리고 이제는 기후변화의 위험에 대응하기 위해 획기적인 노력이 필요한 기후위기의 시대에 와 있습니다.

기후위기는 얼마나 위험한 것일까, 앞으로 견디기 힘든 폭염이나 목숨을 앗아 갈 만큼 큰 홍수는 몇 번이나 발생할까 하는 궁금증을 가지셨다면, 이제 조금 더 기후변화와 건강에 대한 지식의 수준을 끌어올려 볼 필요가 있겠습니다. 기후위기 시대에 건강한 삶을 살아가려면 기후위기가 나의 건강과 어떻게 관련되어 있는지 알아야 합니다. 문제가 무엇인지 정확히 이해함으로써 우리는 기후변화로 인한 위험을 완화하기 위한 첫걸음을 시작해 볼 수 있을 것입니다.

우선 기후변화의 위험risk이라는 것이 무엇인지 살펴보려고 합니다. 기후변화 그 자체를 위험이라고 하지는 않습니다. IPCC는 기후변화의 위험은 세 가지 요인의 작용으로 결정된다고 설명하고 있습니다. 기후변화로 인해서 다양한 기상 현상이 발생할 수 있습니다. 즉 폭염, 가뭄, 홍수 등의 빈도와 강도가 심각해질 수 있는데, 이것을 위해hazard라고 합니다. 이러한 위해만으로는 우리의 건강에 어떠한 영향이 발생하지는 않겠습니다. 만약 폭염이 오더라도 폭염에 노출되지 않는다면, 그리고 홍수가 발생하더라도 홍수가 일어난 곳에 우리가 노출되지 않는다면 건강 피해는 나타나지 않을 수 있다는 것입니다. 따라서 두 번째 요인은 바로 노출exposure입니다. 마지막 요인인 취약성vulnerability은 기후변화로 인한 피해가 다른 사람에 비해 더욱 크게 나타나는 특성을 가리키며, 그 특성은 개인의 노력만으로 완전히 조절할 수 없는 경우가 많습니다.

이와 같이 기후변화의 위험을 결정하는 세 가지 요인에 대해 이해했다면, 그 요인들을 어떻게 변화시킬 것인지 생각해 볼 수 있습니다. 위해의 빈도와 강도를 낮추기 위해서 탄소 배출을 줄이는 노력이 필요할 것이며, 그 와중에도 계속 진행되고 있는 위해에 덜 노출될 방안을 찾아야 하고, 취약한 특성이 있는 사람들을 발굴하고 지원하는 방안도 마련해야 합니다. 그렇게 우리는 기후변화로 인한 위험을 낮출 수 있을 것입니다.

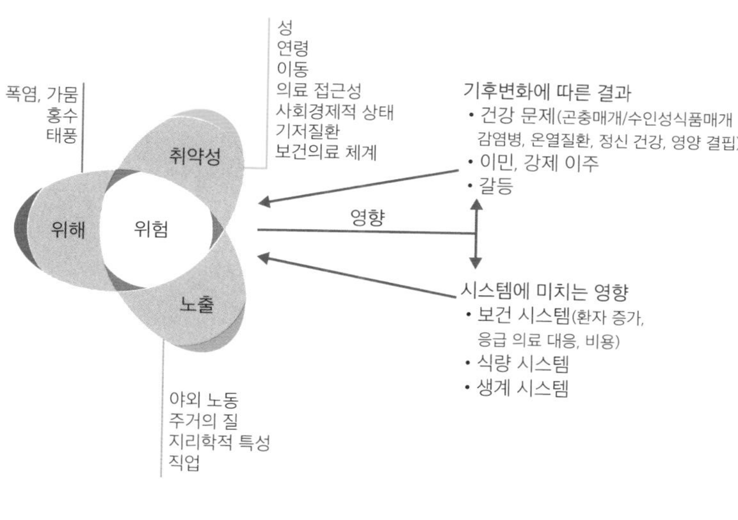

기후변화의 위험을 결정하는 세 가지 요인

자료 : IPCC

기후,
우리의 건강을 위협하다

우리는 다양한 위해에 노출될 수 있고, 또한 우리의 취약성 때문에 건강 영향이 더 크게 나타날 수 있습니다. 이러한 관련성을 아는 것만으로도 수많은 피해를 예방할 수 있습니다. 이제 어떠한 건강 위험이 발생할 수 있는지 알아보려고 합니다. 기후위기 문제에서 가장 주목받는 것은 바로 기온의 변화입니다. 앞으로 너무 덥거나, 너무 추운 날씨 등 기온의 변화를 더 많이 경험할 수 있습니다. 너무 더운 데 노출되면 열사병, 열실신, 열경련, 열탈진, 열부종과 같은 온열질환이, 그리고 너무 추운 데 노출되면 저체온증, 동상과 같은 한랭질환이 발생할 수 있겠습니다. 온열질환이나 한랭질환은 폭염, 한파의 직접적인 영향으로 노출 이후 단시간에 나타나기 때문에, 피해 현황도 실시간으로 집계하는 것이 가능합니다. 실제 질병관리청은 매년 여름과 겨울에 온열질환과 한랭질환의 피해를 모니터링하여 정보를 제공하고 있습니다.

그런데 우리가 간과할 수 있는 건강 문제는 바로 기저질환자의 건강 악화입니다. 그동안 국내외 연구를 통해 심뇌혈관질환, 호흡기 및 알레르기 질환, 신장 및 비뇨기 질환, 정신질환 등의 기저질환을 가진 경우 기온의 변화에 따라 의료 이용이 증가했던 것이 입증됐습니다. 즉 기저질환의 증상이 악화되면서, 병원을 더 많이 가게 될 수 있고 사망의 시기도 더 당겨질 수 있는 것입니다. 그런데 이러한 연구들은 개인의 노출 정도에 따른 증상 변화를 측정하여 입증한 것이 아닙니다. 사람을 대상으로 노출량과 그 반응에 대해 실험하는 것도 적절하지 않으니까요. 보통 이와 같은 연구는 특정 지역 거주자 등 연구 대상으로 하는 집단이 공통으로 노출된 기상 데이터와 그 집단의 의료 이용 데이터를 연결하여, 기상 데이터의 변화에 따라 의료 이용 데이터가 어떻게 변화됐는가를 확인하는 방식으로 이루어집니다. 이를 생태학적 연구 방법이라고 부릅니다. 쉽게 말하면 어떤 지역에 거주하는 심뇌혈관 질환자들이 다른 계절에 비해 여름에 더 병원에 많이 가고, 더 많이 사망한 사실이 확인된 것입니다. 그러니 분명 고온은 그 지역 환자들의 건강에 나쁜 영향을 주었음을 알 수는 있습니다.

그러나 이 경우 폭염이 어떤 '집단'에 미친 영향을 확인할 수는 있지만, 환자 '개인'마다 폭염에 대한 노출 정도가 다르고 취약성에 따라 증상 악화의 정도도 다르다는 점은 잘 드러나지 않습니다. 또한 환자의 건강에 영향을 미치는 것은 오로지 기후변화만은 아닐 것입니다. 지금까지 설명하는 과정에서 새롭게 질환이 발생했다고 하지 않고 '기저질환자'라고 표현한 것처럼, 폭염으로 얻은 병이 아니라 폭염으로 심화된 병입니다. 환자 개인이 자신의 질병이 무엇 때문에 악화되었는지, 기후변화의 영향이 얼만큼인지를 밝혀내기란 어려운 일입니다. 간과하기 쉽지만 기온의 변화는 결국 환자들의 건강한 삶을 위협하고, 우리 사회의 질병 부담을 증가시키는 문제라는 점을 알아야 합니다.

2023년 여름 호주를 방문한 적이 있습니다. 호주에서는 연달아 벌어진 대홍수로 큰 피해가 있었고, 자연재해가 빈번하게 일어났기 때문에 기후 재난에 대응하기 위한 다양한 노력이 이루어져 왔습니다. 중앙정부의 정책 관계자, 지역 사업 관계자, 전문가들은 재난으로 인한 피해가 소수의 인명 및 재산 피해로 그치지 않고, 생존자들의 신체적, 정신적 건강에 영향을 줄 수 있음을 중요하게 인식하고 있었습니다. 실제 기후 재난에 대한 위기 대응 체계 안에 정신 건강 보호를 위한 장단기적인 정책도 포함되어 있었습니다. 호주의 정책은 우리에게 어떤 속도로 어떤 준비를 해야 할지 과제를 던져 주고 있는 것 같습니다. 그런데 안타깝게도 그 시간 한국에서는 큰비가 계속되고 있었습니다. 호주에서 돌아온 다음 날인 2023년 7월 15일에 집 주변이 모두 통제되는 일이 발생했습니다. 집 안에 종일 머물며 수차례 울리는 사이렌 소리를 그저 듣기만 할 수밖에 없었습니다. 오송 지하차도 침수 사고였습니다. 앞서 기후변화의 위험이 어떻게 결정되는지 설명했던 것처럼, '위해'에 '노출'되지 않으면 건강 피해는 나타나지 않으므로 대부분의 사람들에게는 흐려지는 기억일 수 있겠습니다. 하지만 당사자들에게 사고는 여전히 어떤 형태로든 진행 중입니다. 저는 사고 지역에서 가까운 곳에 살고 있기 때문에, 당시의 공포가 조금 더 선명하게 남아있습니다.

기후변화가 건강에 미치는 영향에 대한 설명으로 돌아가서, 이와 같은 홍수, 태풍과 같은 기상재해에 노출이 되면 다칠 수 있고 사망할 수도 있습니다. 오염된 물과 식품으로 인한 감염병의 위험도 증가합니다. 기상재해로 인한 피해 경험은 일상을 크게 뒤흔드는 충격에 해당하므로 우리의 정신 건강에도 큰 영향을 미칩니다.

팬데믹의 원인을 파고들면 기후가 보인다

기온 변화, 기상재해에 노출되어 건강이 영향을 받는 과정은 기후변화에 따른 직접적인 건강 영향으로 설명됩니다. 또한 기후변화는 자연 생태계를 변화시킴으로써, 그리고 대기오염 문제를 더 심화시킴으로써 건강에 간접적으로도 영향을 미치게 됩니다. 코로나19가 전 세계를 휩쓸면서 '신종·변종 감염병이 발생하는 것은 기후변화와 관련이 있을 수 있다'는 논의가 많이 등장했습니다. 지난 팬데믹이 기후변화에 이목이 집중되는 계기가 되었던 것도 사실이고요. 실제 기후변화 건강 적응 대책에서는 감염병에 대한 감시와 대응 전략을 강조하고 있기도 합니다.

그러면 이미 알려진 감염병과 신종 감염병의 미래 위험은 기후변화와의 관계로 충분히 설명하고 예측할 수 있을까요? 다음 그림을 통해 살펴보려고 합니다. 중간에 일렬로 찍혀 있는 검정색 점들은 감염병의 첫 발생 건이라고 보시면 됩니다. 각각의 감염병이 무엇 때문에 발생했는지 분석하여 그 요인과 연결해 둔 그림입니다. 한 건에 여러 가지 요인들이 연결되어 있다는 것은 감염병이 복합적인 문제가 얽혀 발생한다고 해석할 수 있습니다. 감염병은 여행, 국제무역, 자연환경, 기후변화와 같은 세계화 및 환경적 요인으로 발생할 수 있습니다. 그리고 감시 및 신고 체계 등 공중 보건 시스템 요인이 잘 작동하지 않을 경우에도 발생할 수 있습니다.

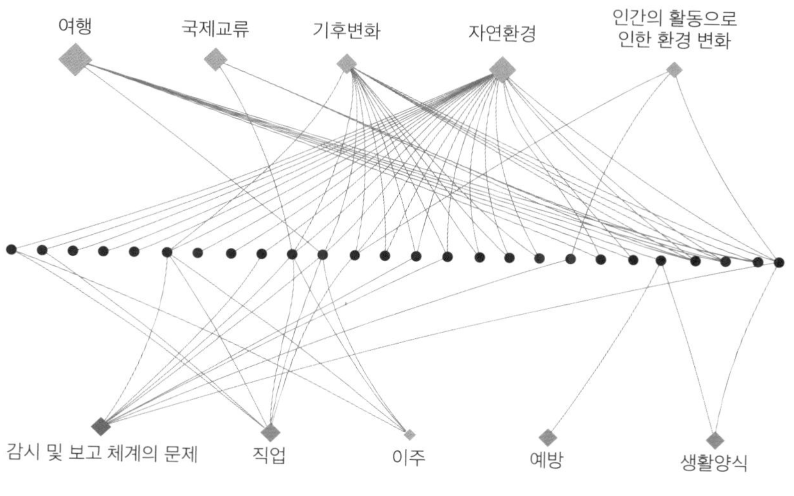

감염병의 발생 요인
자료 : IPCC

마지막으로 인구·사회학적 요인을 꼽을 수 있는데, 직업의 특수성, 감염병 예방 수칙, 생활 습관 등이 하나의 요인으로 설명되고 있습니다. 기후변화는 다양한 감염병의 발생 원인 중 하나이며, 감염병은 이 다양한 요인이 함께 작용하여 발생하고 유행하게 됩니다. 즉, 감염병의 위험은 기후변화로 인해 더욱 커질 수 있지만, 기후변화라는 원인만을 두고 미래를 예측하고 대응책을 마련하기란 어렵다는 것입니다.

기후변화는 어떻게 감염병을 유행시키는가

이 장에서 우리는 기후변화가 미치는 영향에 초점을 맞추고 있으니, 감염병 발생 원인 중의 하나인 기후변화는 어떻게 감염병으로 연결되는지를 조금 더 자세히 알아보려고 합니다. 사실 이 관계도 매우 복잡하기 때문에 미래의 기후위기가 감염병 환자의 수를 얼마나 많이, 빠르게 증가시킬 것인지를 짐작하는 것은 어렵습니다. 그리고 앞서 설명했듯이 감염병은 다양한 원인이 복합되어 나타나기 때문에, 어떤 시점에 그 원인이 어떻게 작용하는지에 따라 위험이 감소할 수도, 증가할 수도 있습니다. 그야말로 잠재적인 위험인 셈입니다. 기후 환경적 조건으로만 따지면 코로나19 바이러스는 바이러스라는 특성상 여름에 감소했어야 합니다. 그런데 오히려 사람들의 이동, 거리두기, 예방접종 등 사회 정책적 영향이 어떤 시점에서 두드러지기도 했습니다. 그렇다고 이러한 복잡한 메커니즘과 불확실성을 이유로 감염병의 발생이 감소할지, 증가할지 모르는 채 지켜볼 수는 없을 것입니다. 기후변화의 영향을 이해하여 대응 정책을 마련해야 합니다. 그 영향을 이해한다면, 정책이 당장 감염병의 유행을 잠재우는 효과를 거두지 못하더라도 그러한 정책의 필요성을 두고 일어나는 소모적인 논쟁을 줄일 수 있습니다.

우리는 감염병의 발생과 관련이 있는 병원체, 숙주, 전파 경로가 기후변화로 어떻게 변할 수 있는지 주목해야 합니다. 우선 기후변화는 병원체의 생존, 생활 주기에 영향을 미칩니다. 이 영향은 병원체의 종류에 따라 다르기는 하지만 기후변화로 인해 상승한 기온은 병원체의 증식과 활동을 더욱 유리하게 만드는 조건이 됩니다. 또한 기후변화는 쥐, 모기와 같은 숙주의 서식지를 확장시키므로, 각종 병원체의 인간과의 접촉 가능성 또한 높아집니다. 신체 접촉, 비말 감염, 공기 감염 등 전파 경로 또한 기후변화에 따라 기존의 형태와 달라질 수 있습니다. 기후의 변화는 사람들의 거주 형태, 이동 방식, 생활 양식 또한 변화시킬 것이므로, 전파 경로가 상당히 다양해질 수 있습니다. 우리나라에서는 80개가 넘는 감염병이 법정감염병으로 지정되어 있고, 국가는 국민의 건강과 안전을 위해 대상 감염병을 지속적으로 감시, 분석하여 위기 단계에 따라 대응하고 있습니다. 기후변화가 감염병 발생 위험을 증폭하는 것이 현실이며, 이 관계를 끊어 내기 위해 국가가 전문적·체계적 관리를 이어 가는 것도 사실입니다. 이 상황에서 여러분 개인은 감염병의 위험 속에서 할 수 있는 일이 예방 수칙 지키기처럼 작은 것뿐이라고 느낄 수 있습니다.

그러나 국가의 체계적인 건강 안전망 속에서 개인의 노력은 집단의 노력이 되고 결국 큰 효과를 거둘 수 있습니다. 또한 구성원의 이해와 지원, 그리고 비평적 사고가 어우러질 때 국가의 건강 안전망이 잘 작동하고 진전될 수 있으리라고 생각합니다.

또 다른 문제, 대기

이제 대기오염 문제로 가 보겠습니다. 대기오염과 기후변화는 다른 문제이지만, 원인과 대응에서 꽤 유사한 측면도 있습니다. 대기오염은 연료 사용과 같은 인간의 활동이 주요한 원인이 되므로 그러한 인간의 활동을 줄이는 대책이 필요합니다. 그 대책은 지속적이고 적극적이어야 하며, 단기간에 문제를 완전히 해결하기는 불가능하므로 예상 피해를 최소화하는 대책 또한 함께 고려해야 합니다. 대기오염은 기후변화를 가속화하는 요인이 될 수 있고, 기후변화는 기상 조건을 변화시킴으로써 대기오염 물질의 농도를 증가시킬 수 있습니다. 이러한 점 때문에 기후변화를 말할 때 대기오염이 함께 다루어집니다. 예를 들어 우리에게 잘 알려진 미세먼지에 노출되면 허혈성심장질환, 뇌졸중, 만성폐쇄성폐질환, 폐암, 급성 하기도감염으로 인한 사망의 위험이 증가합니다. 또한 호흡기계 및 심뇌혈관계 질환뿐만 아니라 우울증, 알츠하이머병 등 정신질환의 위험도 증가합니다.[1] 미세먼지에 똑같이 노출되어도 건강 영향이 더 크게 나타나는 사람들이 있는데, 고혈압, 당뇨, 알레르기 질환이나 심뇌혈관 및 호흡기계 질환력이 있거나, 사회경제적 수준이 낮은 사람 등이 여기에 해당할 수 있다고 보고되고 있습니다.[2]

1 대한의학회·질병관리청.「미세먼지 진료 길잡이」, 2021, p.24.

2 위의 책, p.12.

기후위기 시대,
내 정신 건강이 위험하다

지금까지 기후변화로 인해 발생할 수 있는 기상 및 환경 변화가 다양한 건강 문제에 영향을 미칠 수 있다는 점을 짚어 보았습니다. 이번에는 질병의 관점에서, 특히 정신 건강에 대해 조금 더 얘기해 보려고 합니다. 우리나라의 정신 건강 문제를 말할 때 자살률을 말하지 않을 수 없습니다. 우리나라가 오랜 기간 OECD 국가 중 자살률 1위를 차지해 왔다는 것은 이미 많이 알려진 사실입니다. 그간 국가 및 지역적으로 자살 예방을 위해 다양한 시도를 해 왔습니다. 국가가 정신 건강을 주요 국정 과제로 추진하고 있는 상황이지만, 우리는 여전히 자살, 정신질환에 대해 말하고 듣는 것을 꺼립니다. 마치 전염이라도 되는 것처럼요. 업무 관계자와 전문가들도 이 문제를 다룰 때 많은 주의를 기울여야만 합니다. 우리는 자살률을 크게 낮춰야 하고, 또 코로나19 유행 이후 더 나빠진 정신 건강 문제를 잘 극복해야 합니다. 그러려면 무엇이 우리의 정신 건강을 악화시키는지 함께 이야기할 필요가 있습니다. 어려움을 극복할 힘을 기르기 위해서, 그리고 내 주변에 도움이 필요한 사람이 있을 때 지지하는 마음과 행동을 보이기 위해서 말입니다. 이 장의 서두에서 말했듯, 우리가 지금 이러한 문제들을 하나씩 살펴보는 이유는 기후위기 시대에 건강한 삶을 살아가기 위해서임을 기억해야 합니다.

오래전부터 보고되어 온 기후위기와 정신 건강의 관계는 크게 세 개의 메커니즘으로 요약됩니다. 기후위기는 우선 태풍과 홍수와 같은 기상재해를 통해 정신 건강에 영향을 미칩니다. 중대한 신체적 피해와 재산 피해를 입히는 강도 높은 기상재해를 경험하는 것은 정신 건강에 영향을 줄 수 있는 트라우마 사건입니다.

또 다른 영향은 가뭄, 폭염과 같은 기상 현상에 노출됨으로써 나타나는 것입니다. 폭염은 매년 여름마다 찾아오는, 그저 더운 날씨라고 생각하기 쉽습니다. 하지만 우리나라에서는 2018년 심각한 폭염을 경험하면서 법적으로 폭염을 자연 재난에 포함했습니다. 「재난 및 안전관리 기본법」에 따르면, 재난은 '국민의 생명·신체·재산과 국가에 피해를 주거나 줄 수 있는 것'입니다. 법률에서 폭염이 재난에 포함되었다는 것은 폭염의 피해에 대해 국가로부터 보상받을 수 있다는 의미입니다. 극심한 고온에 노출되면 정신질환자의 의료 이용이 증가하는데, 이는 증상이 더욱 악화될 수 있음을 뜻합니다. 그리고 더위에 노출되면 사람들의 폭력성, 공격 행동도 증가하는 것으로 보고되었습니다. 오래된 일이 아닙니다. 2023년 가장 최근의 여름에 심한 더위가 지루하리만큼 길었던 것을 돌이켜 볼 수 있습니다. 사회적으로 큰 문제가 되는 폭력 및 살인 사건이 기후변화의 영향으로 더욱 증가할 수 있음이 이미 연구에서 확인되고 있습니다.

마지막으로 장기간에 걸쳐 발생하는 변화는 사막화, 해안침식, 생물다양성 감소 등이 있습니다. 기상재해와는 다른 형태이지만, 이러한 영향 때문에 결국 장기적으로 거주지를 이동해야 할 수 있는데, 이는 생계의 어려움과 사회적 네트워크의 단절로 이어집니다. 즉 그 영향을 받게 된 사람들의 정신적 안녕에 대한 지원이 필요하게 됩니다.

기후위기와 정신 건강의 관계는 이처럼 직간접적인 '노출'과 관련이 있는 것으로 여겨져 왔습니다. 그런데 최근에는 여기에 더해 새로운 '노출'이 추가되었습니다. 기후변화로 발생하는 여러 기상 현상 및 환경 변화에 직간접적으로 노출되지 않더라도, 기후변화에 대한 정보나 언론 보도에 노출되어 문제를 인식하는 것만으로도 정신 건강이 영향을 받을 수 있다는 것입니다. 인식하는 것도 기후변화에 대한 노출이라고 보는 것인데요. 이미 이에 대한 연구는 학계에서 발표되어 왔지만, 이것이 사회적으로 더욱 주목받게 된 것은 2022년에 IPCC가 제6차 평가보고서에서 언급하면서부터입니다.

기후 불안을 감지하다

기후 불안은 기후 시스템의 위험한 변화에 대한 반응으로 감정적, 정신적, 신체적 고통이 고조되는 것을 말합니다.[3] 이미 그동안 많은 조사에서 기후변화에 대해 걱정하는가, 불안하게 느끼는가, 두려움을 느끼는가 등의 질문으로 확인해 왔습니다. 그렇게 발표된 결과들은 미래 세대의 불안이 크다고 하기도 했고, 오히려 기성세대의 불안이 더 크다고 하는 경우도 있었습니다. 또는 특별한 근거는 제시하지 않은 채 젊은 세대의 기후 불안이 크고, 그로 인해 출산과 결혼을 기피한다고 주장하는 기사도 보였습니다. 아무래도 기후변화의 영향을 더욱 크게 받게 될 세대가 더 관심을 기울일 수밖에 없습니다. 전 세계적으로 청년, 청소년의 기후 대응 촉구가 다양한 형태로 나타나고 있습니다. 그런데 우리나라에서는 왜 그들의 기후 불안에 대한 설명이 제각각인 걸까요?

기후 불안을 측정할 수 있는 평가 도구가 개발된 것은 그리 오래된 일이 아닙니다. 그래서 이전까지는 조사마다 질문의 형태가 제각각일 수밖에 없었을 것입니다. 개발된 평가 도구를 활용해서 우리나라 국민의 상황을 평가한 결과도 아주 최근에서야 발표되었습니다. 2023년에 평가된 결과[4]에서 젊은 세대의 특성을 처음으로 확인할 수 있었습니다. 이 조사는 19세부터 65세까지를 대상으로 하였습니다. 기존의 조사와 같이 기후변화에 대해 걱정하는지, 불안을 느끼는지에 대해 물었을 때 나이가 많을수록 더 그렇다는 경향을 보였습니다.

3 Whitmarsh, L., Player, L., Jiongco, A., James, M., Williams, M., Marks, E. et al. 'Climate anxiety: What predicts it and how is it related to climate action?', *Journal of Environmental Psychology*, 2022, 83, pp.1~10.

4 채수미 외. '한국인의 기후 불안 수준 및 특성', *보건사회연구*, 2024, 44(1), pp.245~267.

반면, 기후변화에 대해 무력감을 느끼는가에 대한 질문에는 나이가 어릴수록 그렇다고 답했습니다. 기후불안척도로 평가한 기후 불안 수준 역시 나이가 어릴수록 높았습니다. 기후불안척도는 상대적으로 높은 수준의 불안을 측정하는 도구입니다. 13개 문항으로 구성되어 있는데, 주관적 판단으로 말씀드리면, 대부분의 사람에게는 해당 사항이 없을 것 같은 질문이 많습니다. 그렇다면 이러한 결과를 어떻게 해석해야 할까요? 젊은 세대는 자신들이 느끼는 것을 '걱정된다', '불안하다'와 같이 다소 가벼운 표현으로는 설명하기 어렵다고 말하는 듯합니다. 그보다는 '무력하다'고 말하고 있습니다. 상대적으로 높은 불안 수준을 다루는 기후불안척도를 통해서 더 분명하게 그들의 불안이 확인되고 있습니다. 그러면 이제 확실한 결과도 발표가 되었으니 우리나라도 젊은 세대의 기후 불안이 높다고 설명해도 무리가 없겠습니다.

기후 불안에 직면할 것

이제 조금 더 중요한 점을 짚어 보겠습니다. 기후 불안을 질병이라고 생각하십니까? 사실 기후 불안을 느낀다는 것 자체만으로는 질병으로 보지는 않습니다. 다음 그림에서 볼 수 있듯이 기후 불안과 환경친화적 행동의 관계는 긍정적 효과와 부정적 효과가 모두 있습니다. 사람들이 기후변화가 심각하다는 것을 알게 되고, 이 문제에 대해 '걱정스럽다', '불안하다'라고 느끼면 기후변화 문제에 관심을 기울이게 될 수 있습니다. 그렇게 함으로써 기후와 환경을 보호하기 위한 환경친화적 행동을 보이게 될 수도 있겠습니다. 이것은 기후 불안의 긍정적 효과일 것입니다. 반면, 기후 불안을 지나치게 심각하게 느끼면 결과는 달라질 수 있습니다. 우리가 살면서 너무 어려운 일을 겪게 되면 그 문제를 직면하기보다는 부정하고 회피하기도 합니다. 그와 똑같이 기후 불안도 너무 심해지면 기후변화의 상황을 회피하고 인정하지 않으려고 할 수 있습니다. 이것은 기후 불안의 부정적 효과라고 볼 수 있겠습니다.

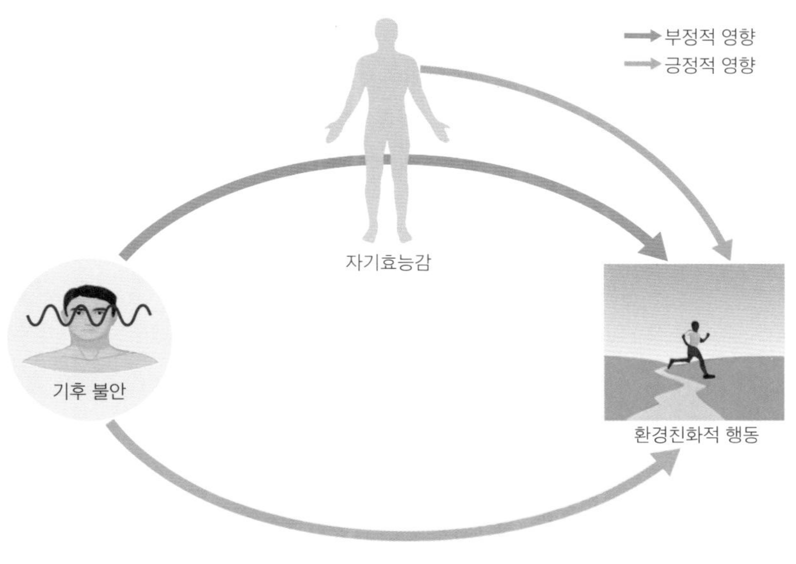

기후변화에 대한 인지가 환경친화적 행동에 미치는 영향
자료 : 《국제 환경연구 및 공중보건 저널》

아쉽게도 현재 개발된 기후불안척도는 몇 점이어야 심각하다고 할 수 있는지, 몇 점부터가 질병인지 진단할 수 있는 도구가 아닙니다. 단지 기후 불안 수준을 점수로 표현할 수 있고, 그 점수를 다른 사람, 다른 집단, 다른 국가와 비교해 보는 것만 가능합니다. 그래서 이 조사는 점수를 측정하는 데 그치지 않고, 이 상황을 조금 더 설명하고 있습니다. 우리나라 성인들의 점수가 높아질수록 환경친화적 행동이 증가했다는 점을 말입니다. 이것은 이미 설명한 것처럼 우리나라의 기후 불안 수준은 '긍정적' 효과를 보이고 있다는 의미입니다. 물론 응답자 중에는 주의가 필요한 상태의 사람도 있을 수 있지만, '평균적으로 봤을 때' 그렇다는 뜻입니다. 긍정적 효과는 불안 수준이 높은 20대에게도 똑같이 나타났습니다. 그러니 우리나라 젊은 세대의 기후 불안이 높다고 설명하면서 무엇을 함께 말해야 할까요? 젊은 세대를 포함한 우리나라 기후 불안 수준이 지금은 환경친화적 행동을 촉진하는 긍정적 작용을 하고 있다고 설명해야겠습니다. 기후위기가 심각하다고 하는 이 시대에 어느 정도 기후 불안을 느끼는 것은 어쩌면 당연한 감정이기도 하고 필요한 부분일지 모릅니다. 사람들이 기후위기에 관심을 두고 움직일 수 있다는 것이니, 지금이야말로 기후변화 대응 정책을 수립하고 이행하는 데 좋은 시기일 것입니다. 그러나 기후변화 대응이 잘 이루어지지 않고, 기후 불안을 잘 관리하지 못하면 결국 병리학적 문제가 발생할 수 있다는 점도 기억해야 합니다.

우리가 앞으로 나아가야 할 방향

그렇다면 건강한 일상을 위해서 앞으로 우리는 무엇을 해야 할까요? 기후변화가 심각하다고 하니 이제 탄소 배출을 '제로'로 만드는 노력을 해야겠습니다. 그러나 아주 단시간에 탄소중립을 실현하는 것은 어렵기 때문에 기후변화 적응의 문제가 앞으로도 계속 중요하게 다뤄질 수밖에 없습니다. 우리의 건강 피해를 최소화할 수 있는 환경을 만들고 건강 적응 역량을 갖추려는 노력이 필요합니다. 기후변화 대응은 완화와 적응 중에 무엇 하나를 우선시하는 것이 아니라 동시에 같이 해결하는 방식으로 이루어져야 합니다.

그러면 이 기후 적응은 개인의 문제일까요? 그렇지 않습니다. 우리의 기후 건강 적응을 위해 국가와 지역이 언제나 함께하고 있습니다. 대표적으로 법률에 근거해 기후보건영향평가가 운영되고 있습니다. 질병관리청은 이 법에 따라서 기후변화가 국민 건강에 어떠한 영향을 미치는지, 노인, 장애인, 임산부 등 취약 인구 집단에 어떤 어려움을 주는지 평가합니다. 그 평가를 근거로 어떠한 지원이 필요할지 살펴봄으로써 정책적 기반을 다져 나가고 있습니다.

마지막으로 기후위기 문제 앞에 이성과 감정의 균형을 찾자고 말씀드리고 싶습니다. 우리는 이성적으로는 기후변화가 심각한 일이고 대응이 필요하다고 생각하지만, 이 대응에는 불편함과 어려움도 따르기 때문에 결국 부정적 감정을 갖게 될 수 있습니다. 당연한 인간의 반응입니다. 그러나 우리는 지금 기후변화가 아닌 기후위기 시대에 살고 있기 때문에 더는 이 문제를 외면할 수 없습니다. 우리는 기후변화로 인한 건강 문제를 명확히 인식해야 합니다. 그래야 국가를 향해 나의 건강권을 보장하기 위한 정책을 적극적으로 펼치도록 요구할 수 있습니다. 한편, 건강 문제는 우리가 잘 알고 있듯이 국가나 지역이 온전히 해결해 줄 수 있는 것은 아니고 개인의 역할도 상당히 중요합니다. 결국 기후변화로 인한 건강 영향을 올바르게 인지하는 것이 기후변화에 대한 노출을 줄이고, 우리 개인의 건강 역량을 증진하는 방안을 찾는 데 도움이 될 것입니다. 그래서 이 문제에 대해서 입증된 여러 가지 문제를 이성적으로 인식하고 수용하는 자세와 감정을 갖도록 노력하는 것이 중요합니다.

2부

기후위기와 경제사회 대격변

4장

탄소중립과 에너지 전환, 당장 무엇을 해야 하나?

김승완

우리는 정말 늦었을까

제가 좋아하는 개그맨인 박명수 옹이 한 얘기가 있습니다. "이미 늦었을 때가 진짜 늦은 거다." 사람들은 보통 여기까지만 기억하는데, 실제 해당 발언이 나온 TV쇼 〈무한도전〉의 영상을 찾아 보면 그 다음에도 문장은 이어집니다. "그러니 오늘 당장 시작해라."라고 말입니다.

대학 교수로서, 민간 기후·에너지 정책 싱크탱크의 대표로서 저는 한 달에도 수차례 다양한 소속의 청중에게 강연을 합니다. 강연 말미에 공통적으로 나오는 질문은 "기후변화를 막기 위해 당장 무엇을 해야 하나요? 이미 늦은 것 아닌가요?"라는 질문입니다. 개개인의 노력으로는 이미 가속화하고 있는 기후변화를 막기가 어렵다는 절망 속에서 그나마 희망을 찾고자 하시는 시민들의 염원이 엿보이는 질문이라고 생각합니다. 여기에 잘 대답하기 위해서는 꽤 많은 것들에 대한 설명이 필요합니다. 특히, 지금 정부는 무엇을 하고 있는지, 어떤 시스템을 갖추고 있는지, 그중 우리가 할 수 있는 것들이 무엇일지의 순서로 고민해 볼 필요가 있습니다.

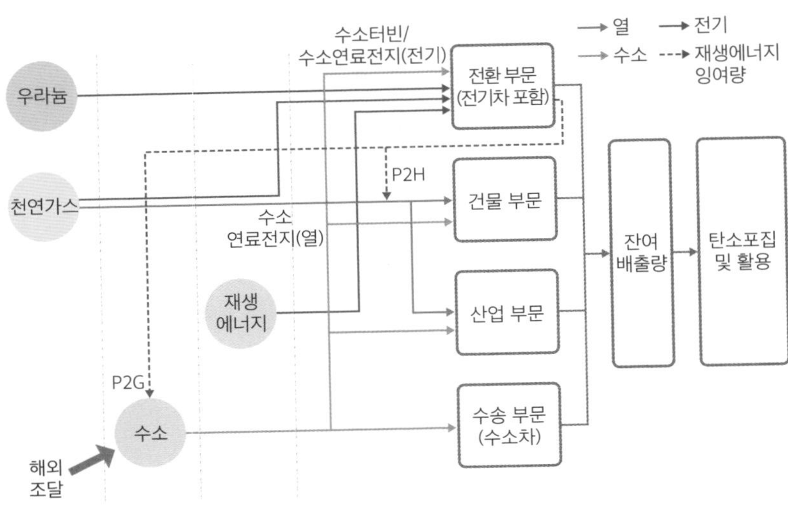

우리나라 탄소중립 계획 살펴보기

일반적으로 탄소중립을 달성해야 한다고 하면 우리나라가 배출하는 온실가스의 약 90퍼센트를 차지하고 있는 전환(전력), 건물, 산업, 수송 부문을 눈여겨 볼 필요가 있습니다. 이와 같은 부문의 구분은 우리나라가 온실가스 배출량을 집계하는 통계 체계와 연동된 것입니다. 또, 각 부문의 온실가스 배출량은 직접 배출량과 간접 배출량으로 구분됩니다. 직접 배출량이란 배출원에서의 활동으로 배출원 경계 내에서 배출되는 온실가스의 양을 말합니다. 반면 간접 배출량은 배출원에서의 활동이 온실가스 배출의 원인이 된 것은 맞지만 실제 온실가스 발생은 배출원 경계 밖에서 일어나는 경우의 배출량을 말합니다.

예를 들어 기업의 제품 생산 공정에서 화학적인 반응이 온실가스의 생성과 배출을 수반하기도 하고, 공정의 운영에 필요한 모터나 여러 설비의 구동을 위한 전력의 사용이 온실가스의 생성과 배출을 유발하기도 합니다. 위의 정의에 따르면 전자는 직접 배출량, 후자는 간접 배출량으로 계산되는 것이죠. 앞서 언급한 건물, 산업, 수송 부문의 온실가스 배출량은 일반적으로 직접 배출량을 지칭하고, 이들이 전력을 사용하면서 간접적으로 배출하는 온실가스는 모두 전환 부문의 직접 배출량 통계로 잡힙니다.

이런 통계 체계 때문에 재미있는 일이 발생하는데요, 예를 들어 반도체 회사나 철강 회사가 사용 전력을 100퍼센트 재생에너지로 조달하자는 캠페인인 RE100을 달성한다고 해 봅시다. 그 회사들이 열심히 재생에너지를 구매하고 사용하면 개별 회사들은 분명히 RE100을 달성하게 되겠지만, 국가 통계상으로는 산업 부문의 배출량이 줄어드는 것이 아니라 전력 부문의 배출량이 줄어드는 것처럼 기록됩니다. 재생에너지의 구매와 사용은 각 사업장의 간접 배출량을 줄이는 것이기 때문에 전환 부문 통계에 잡히는 것이죠. 이런 사항은 상식으로 알아 두면 좋을 것 같습니다.

탄소중립을 달성하기 위해서는 각 부문의 직접 배출량을 줄여 나가면서 국가 전체적으로는 전환 부문의 배출량을 줄여 나가는 노력이 필요합니다. 쉽게 말해 우리가 일상적으로 소비하는 모든 제품의 생산과정에서 나오는 탄소를 줄이기 위해서 탈탄소 원료를 사용하고, 설비를 구동하는 전력을 탈탄소 연료로 생산해야 한다는 이야기입니다. 물론, 현재까지의 기술 수준으로는 먼 미래에도 직접적인 온실가스 감축이 절대 불가능하다고 여겨지는 분야들도 존재합니다. 이를 감안하면 온실가스를 포집해서 영구히 저장하거나 하는 탄소포집 기술도 사용할 필요가 있겠습니다. 다만, 문제는 온실가스를 포집하고 활용하는 기술이 활발히 연구·개발되고 있기는 하지만 아직 비즈니스화하기는 어려운 기술이라는 점입니다. 그래서 저는 우리가 단기간에, 특히 2030년 전까지 해야 할 일은 어려운 기술을 적용하는 것보다는 우리가 활용할 수 있는 방법을 가지고, 이미 가지고 있는 기술들을 적용해서 최대한 온실가스의 배출 그 자체를 줄이는 것이라고 이야기합니다.

대세는 탄소중립

다른 나라들은 탄소중립을 달성하기 위해 어떤 노력을 하고 있을까요? 저와 한솥밥을 먹고 있는 연구원들이 직접 탄소중립 이행을 위한 각국 전원믹스[1] 시나리오 전망을 조사해 봤습니다. 유럽연합 국가들, 영국, 캐나다, 일본 등 주요국들의 전원믹스는 크게 태양광, 풍력, 수력과 같은 재생에너지 발전, 탄소포집 장치를 부착한 화석연료 발전 및 수소발전, 원자력발전, 이렇게 세 가지로 구분됩니다. 조사 결과 2030년 목표를 기준으로 했을 때도 대부분의 국가가 재생에너지 중심의 전원믹스를 목표로 하고 있고 그 경향성은 2050년이 되면 더욱 심화하는 것으로 나타났습니다. 물론 국가별로 정도의 차이는 있지만, 대세를 부정하기는 어려운 상황입니다.

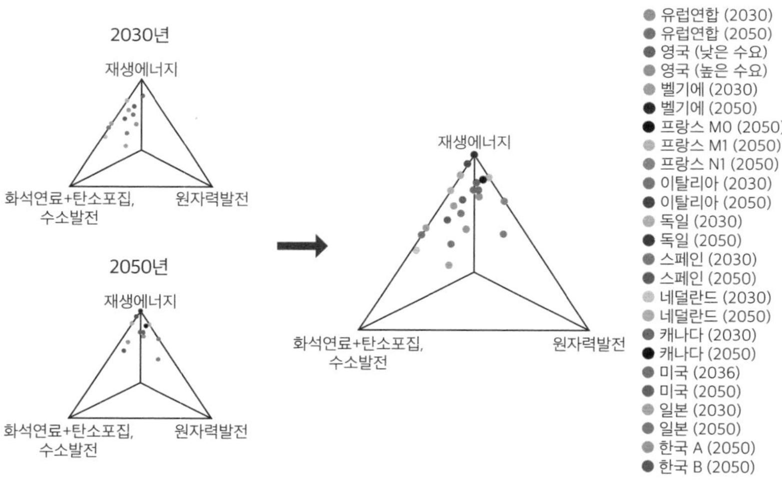

탄소중립을 위한 각국 전원믹스 시나리오

1 generation mix. 전력의 생산량을 구성하는 각 발전원의 구성 비중을 의미한다.

이러한 흐름은 작년 제28차 유엔기후변화협약(UNFCCC) 당사국 총회(COP28)의 회의 결과에서도 동일하게 나타났습니다. 2023년 COP28 주요 참가국은 공동협약에 서약했는데요. 2030년까지 재생에너지 설비 용량 세 배, 에너지 효율 두 배를 달성하는 내용의 협약이었습니다. 이런 숫자들은 단순히 정치적인 상징성을 위해 만들어진 것은 아니고 국제에너지기구인 IEA에서 내놓은 지구 평균온도의 상승을 섭씨 1.5도 이하로 막기 위해 필요한 최소한의 권고 사항을 그대로 준용한 것입니다.

사실 우리나라도 아무 노력을 하지 않는 것은 아닙니다. 2021년부터 문재인 대통령이 2050년 탄소중립 선언을 한 이후부터 지속적으로 다양한 탄소중립 정책이 만들어지고 있고, 이 흐름은 2022년 윤석열 대통령이 취임한 이후에도 이어지고 있습니다. 굳이 구분하자면 전 정부는 주로 목표치를 설정하고 전체적인 정책의 체계를 잡았다면 현 정부는 세부적인 시스템과 이행점검 평가체계 등을 만들고 있다고 이해하면 쉬울 것 같습니다. 다만, 현실에서 이와 같은 정책들이 잘 작동하고 있는가에 대해서는 다양한 의견들이 존재할 것입니다.

우리나라 정부는 2030년까지 온실가스 배출량을 최고점인 2018년 배출량 대비 40퍼센트 감축하겠다는 중간 목표를 가지고 있고, 최종적으로 2050년에는 순배출량을 0으로 만드는 탄소중립을 목표로 하고 있습니다. 이를 위해 정부는 각 부문별 세부 목표치는 물론 이행 경로와 수단들을 이야기하고 있습니다.

부문별 온실가스 감축 목표

전환	산업	건물	수송	농축수산
• 석탄발전 감축 • 원전+재생에너지 사용 수요 효율화	• 핵심 기술 확보 • 기업 지원 • 배출권 고도화	• 제로에너지 건축물 확대 • 그린 리모델링	• 무공해차 보급 • 철도·항공·해운 저탄소화	• 저탄소 농업 구조 전환 • 어선 및 시설 저탄소화

폐기물	수소	흡수원	CCUA	국제감축
• 지속 가능한 생산·소비 체계	• 청정수소 공급 확대 • 수소 활용 생태계 강화	• 산림순환경영 • 내륙·연안습지 복원 및 보호	• 법령, 저장소 등 인프라 마련 • 기술 확보 상용화 R&D	• 민관합동 지원 플랫폼 • 부문별 사업 발굴 및 이행

(단위 : 백만 톤 CO_2e, 괄호는 2018년 대비 감축률)

구분	부문	2018	2030 목표	
			기존 NDC(21.10)	수정 NDC(23.3)
배출량 합계		727.6	436.6(40.0%)	436.6(40.0%)
배출	전환	269.6	149.9(44.4%)	145.9(45.9%)
	산업	260.5	222.6(14.5%)	230.7(11.4%)
	건물	52.1	35.0(32.8%)	35.0(32.8%)
	수송	98.1	61.0(37.8%)	61.0(37.8%)
	농축수산	24.7	18.0(27.1%)	18.0(27.1%)
	폐기물	17.1	9.1(46.8%)	9.1(46.8%)
	수소	(-)	7.6	8.4
	탈루 등	5.6	3.9	3.9
흡수 및 제거	흡수원	(-41.3)	-26.7	-26.7
	CCUS	(-)	-10.3	-11.2
	국제감축	(-)	-33.5	-37.5

온실가스 감축 목표와 2050 탄소중립을 달성하기 위해
윤석열 정부가 2023년 3월 21일 공개한 탄소중립·녹색성장 기본계획 문서

위 그림의 오른쪽 상단 표를 보면 이전 정부에서 수립한 2030년 계획을 '기존 NDC[2]'라고 표기하고 있고, 현 정부에서 수정한 계획을 '수정 NDC'라고 표기하고 있습니다. 전체 배출량 측면에서는 정부가 바뀌어도 변화가 없었으나, 세부적으로 살펴보면 전환 부문은 1억 4,990만 톤에서 1억 4,590만 톤으로 목표가 강화되었고 산업 부문은 2억 2,260만 톤에서 2억 3,070만 톤으로 목표가 오히려 완화되었습니다. 그리고 탄소 포집 및 활용 기술을 뜻하는 CCUS를 활용한 감축 목표가 일부 상향되었습니다. 이는 아직 마땅히 상용화된 감축 기술이 없는 철강, 시멘트, 정유, 화학 업종 등의 목표를 완화하여 산업계의 부담을 줄여 주고, 비교적 상용화된 감축 수단들을 조금 더 가지고 있는 전환 부문에서 이를 조금 더 부담하게 하려는 정부의 의도가 반영된 것입니다.

구체적으로 산업계가 그간 논의해 왔던 산업 부문 온실가스 감축의 애로 사항은 다음과 같이 정리해 볼 수 있습니다.

산업 부문 감축 애로 사항

1. 제조업 비중이 높고 탄소 다배출 업종이 주력 수출산업이며 제조 기반 유지에 필수

   *철강, 시멘트, 석유화학, 정유가 산업 배출량의 78.3%/총 수출의 20.1%

2. 획기적 기술 혁신이 필요하나 검증된 기술 부족 (수소환원제철, 바이오납사 활용 등)
3. 탄소중립 전환 비용 급증으로 인해 산업 경쟁력 상실 우려
4. 타 부문과 달리 정부 역할이 제한적이고 민간 기업의 자발적 참여와 협력이 성패를 좌우

2 Nationally Determined Contribution. 각국이 다양한 요소들을 고려하여 자발적으로 제출한 온실가스 감축 목표와 세부 계획을 의미한다.

정부가 꼽는 애로 사항 첫 번째입니다. 산업 부문은 앞에서 이야기했듯이 RE100과 같은 캠페인에 열심히 동참해도 통계 체계의 특징상 모든 노력이 전환 부문 통계에 잡혀 버리는 한계점이 있습니다. 즉, 산업 공정 자체에서 직접적으로 배출량을 줄이는 노력을 해야만 하는 상황입니다. 제조업 비중이 높고 탄소 다배출 업종을 가지고 있는 우리나라의 산업구조 특성상, 이는 국가적인 대전환을 하지 않으면 실행하기 어려운 일인 점에는 전적으로 동의합니다. 하지만 탄소중립을 달성하고 기후변화를 막기 위해서는 이 어려운 일도 결국엔 해내야만 하겠죠?

두 번째 언급되는 애로 사항처럼 산업 부문의 탄소중립에는 획기적 기술이 필요하나 기술에 대한 검증이 조금 더 필요하다고 하는 정부의 설명도 충분히 맞는 말입니다. 그런데 산업 부문의 감축에 대해서도 획기적 기술을 실증하고 검증하여 상용화 직전까지 도달한 나라들이 꽤 있습니다. 그렇다면 이 세상에 기술이 없는 걸까요? 아니면 첨단 온실가스 감축 기술의 도입을 촉진하는 정책이 없는 걸까요? 저는 후자라고 생각합니다.

세 번째 애로 사항은 다소 논쟁적입니다. 산업 부문이 너무 빠르게 탈탄소화를 하다 보면 탄소중립 전환 비용이 급증해서 가격 경쟁력을 잃어버릴 것이라는 주장입니다. 하지만 전 세계가 기후변화를 막기 위해서 탄소중립을 향해 달려가고 있는 이 시대에 마냥 아무것도 하지 않고 버티는 전략만 사용할 경우 중장기적으로 산업 경쟁력을 유지할 수 있을까요? 저는 아니라고 생각합니다. 최근 우리나라 기업들에 RE100을 요구하는 글로벌 기업들이 많아지고 제품의 탄소 배출 집약도로 수입을 규제하는 국가들도 하나둘씩 늘어나는 것을 보면 알 수 있죠.

네 번째 애로 사항도 굉장히 재미있는 주장입니다. 대부분 공기업 중심으로 시장이 형성되어 있는 전환 부문에서와 달리 산업 부문에서는 대부분 상장한 민간 기업들의 노력이 필요합니다. 그래서 정부가 할 수 있는 역할이 제한적이라는 것이죠. 하지만 미국의 인플레이션 감축법Inflation Reduction Act, IRA 시행 이후 제조업 르네상스가 다시 열리기 시작하는 것을 보면, 민간 기업들의 흥망성쇠에도 정부의 역할이 매우 중요하다는 것을 엿볼 수 있습니다.

사실 개인적으로는 정부가 탄소중립에 진정 의지가 있다면 안 되는 이유를 찾기보다는 되게 할 방법을 찾고 그에 수반되는 비용을 조달할 재원 마련과 대국민 설득에 집중하는 것이 보다 바람직하다고 생각합니다.

연도별 온실가스 감축 경로

이번 정부가 수립한 감축 계획에 새로 포함된 내용은 연도별로 설정된 온실가스 감축 경로입니다. 하지만 위 자료에서 모든 부문의 총합을 표시한 왼쪽 그림을 보면 알 수 있듯, 우리 정부의 목표는 볼록한 모양의 경로를 그리고 있습니다. 저는 볼록한 경로의 연도별 감축 계획을 부정적으로 바라보고 있습니다. 이러한 경로의 감축 계획은 결국 이번 정부의 임기 내 책임은 최소화하고 미래 세대에게 감축 의무를 미루는 책임 회피라고 볼 수 있기 때문입니다. 기후변화를 막기 위해 우리에게 남은 시간은 그리 많지 않은데 말이죠.

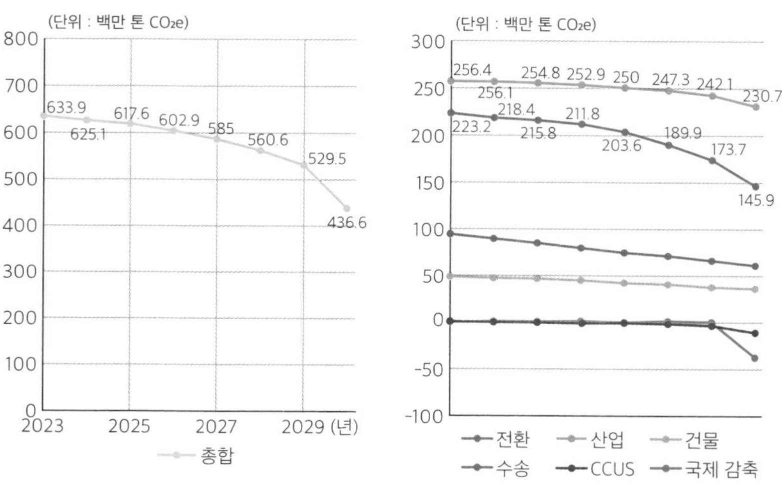

제1차 탄소중립·녹색성장 기본계획 연도별 감축 경로

부문별로 살펴보면 더 흥미롭습니다. 오른쪽 그래프의 빨간색 선은 산업 부문의 연도별 감축 계획입니다. 완만하게 감축을 하고 있습니다. 그에 비해 파란색으로 표시된 전환 부분은 굉장히 빠르게 감축하다가 더 빨라집니다. 이번 온실가스 감축 계획을 수립하는 과정에서의 쟁점은 석유화학 산업이었습니다. 석유화학 산업의 온실가스 배출량 전망이 일부 늘어나면서 산업 부문의 목표 전체가 퇴보하고, 이를 타 부문, 특히 전환 부문에서 많이 떠안게 된 것입니다. 저는 개인적으로 여기에 일부 오류가 있다고 생각합니다. 일반적으로 감축 계획을 세울 때는 보통 우리의 과거 추세가 어느 정도 지속될 것이라는 전망을 기저에 둡니다. 하지만, 대외 정세나 경쟁국 산업 상황에 영향을 많이 받는 분야의 경우 이런 기계적 전망을 하는 데 매우 조심스러울 필요가 있습니다. 기업 신용평가 회사인 한국기업평가의 보고서에서는 우리나라 석유화학 산업에 대해 다음과 같이 분석합니다.

"중국이 석유화학 산업을 자립화하고 있다. 그리고 그 와중에 중국 내에서 석유화학 제품의 수요도 줄어들고 있다. 우리나라가 중국과의 경쟁에서 현재와 같은 성장률을 유지할 수 있을지는 불투명하다." 저의 전망도 이런 분석과 상당히 유사한 부분이 있습니다.

또 다른 중요한 부문인 건물과 수송 부문도 살펴볼까요? 건물 부문이야말로 대부분의 전문가들이 과도한 목표가 설정되어 있다고 입을 모아 이야기합니다. 건물에서 소비하는 전력을 탈탄소화하는 것은 전환 부문의 노력으로 집계되기 때문에, 위 그래프처럼 온실가스를 매년 줄여 가기 위해서는 건물 내에서 사용하는 난방의 연료를 탈탄소화하거나 에너지 효율을 점진적으로 높이는 방법이 필요합니다. 하지만 건물의 난방에 주로 사용되는 가스를 대체할 탈탄소 연료의 보급이 아직은 마땅치 않은 상황이기 때문에 효율 개선만이 주요 감축 수단인 상황입니다. 건물의 에너지 효율을 높이기 위해서는 오래된 건물을 최신식으로 아예 다시 짓거나 에너지 효율을 높이기 위한 그린 리모델링 등이 수반되어야 합니다. 하지만 정부는 올해 들어 일정 규모 이상의 신축 건물에 적용 예정이었던 제로에너지 빌딩 의무화 규제의 적용을 1년 유예했습니다. 정부가 수립한 건물 부문 온실가스 감축 계획, 과연 지킬 수 있을까요?

수송 부문의 경우 해결 방법이 확실합니다. 내연기관 자동차를 전기차, 수소차와 같은 친환경차로 전환해 나가는 것입니다. 우리나라는 2030년까지 친환경차 400만 대를 보급해서 온실가스 감축 계획을 달성하는 목표를 수립했습니다. 현재까지는 꽤 빠른 속도로 전기차를 보급하고 있고 우리나라 기업의 전기차 상품들도 세계적인 경쟁력을 갖추고 있는 것으로 보입니다. 다만, 전기차 보급의 가장 큰 문제는 충전 인프라입니다. 과밀화된 수도권에서 주차 문제를 해결하면서 전기차 보급을 활성화할 수 있을 정도의 충전 인프라를 마련하는 것은, 기업가와 행정가, 시민들이 머리를 맞대야만 해결할 수 있는 문제일 겁니다.

이쯤 되면 아마 이런 부분이 궁금할 수 있습니다. 해결법이 확실한 부문도 있고, 정부가 나서서 어렵다고 대변해 주는 부문도 있는데 만약 어떤 부문의 실제 온실가스 감축량이 목표치에 미달하면 어떻게 될까요? 이를 매년 점검하기 위한 체계 마련도 정부에서 신경을 많이 쓰는 부분 중 하나입니다. 실제로 정부의 온실가스 감축 목표와 계획 수립의 근거가 되는 탄소중립·녹색성장 기본법에서는 제9조를 통해 '이행현황의 점검과 계획 유연성에 대한 체계'를 규정하고 있습니다. 매년 부문별 목표 이행 정도를 점검하고 평가한 뒤에 미흡할 경우 대책을 수립하는 구조라고 보시면 쉽게 이해할 수 있습니다.

기후위기 대응을 위한 탄소중립·녹색성장 기본법 제9조

① 위원회의 위원장(이하 "위원장"이라 한다)은 중장기감축목표 및 부문별감축목표를 달성하기 위하여 연도별감축목표의 이행현황을 매년 점검하고, 그 결과 보고서를 작성하여 공개하여야 한다.

② 제1항에 따른 결과 보고서에는 온실가스 배출량이 연도별감축목표에 부합하는지의 여부, 제1항에 따른 점검 결과 확인된 부진사항 및 그 개선사항과 그 밖에 대통령령으로 정하는 사항이 포함되어야 한다.

③ 제1항에 따른 점검 결과 온실가스 배출량이 연도별감축목표에 부합하지 아니하는 경우 해당 부문에 관한 업무를 관장하는 행정기관의 장은 온실가스 감축 계획을 작성하여 위원회에 제출하여야 한다.

(이하 생략)

사실상 현 정부가 2030 NDC를 수정한 것도 이와 비슷한 조치의 일환이라고 볼 수 있는데, 전 정부와 관점이 다르거나 상황이 바뀌어 달성이 어려워 보이는 부문들의 목표를 조정하고 재설정하는 것입니다. 그렇다면 현 정부 들어서 감축 목표를 400만 톤 상향한 전환 부문에서는 애로 사항이 없는 걸까요?

핵심은 전환 부문, 그런데 여기도 어렵다?

언론에서는 전환 부문도 목표로 한 계획들을 제때 이행하기 어렵다는 기사들이 거의 매일 나오고 있습니다. 2019년부터 나왔던 기사들의 제목들을 모아 보면 '제주, 재생에너지 많이 늘렸더니 전력 계통이 불안해졌다', '에너지 전환, 준비가 안 된 상태에서 하려고 하다 보니까 계통이 위험하다', 그리고 '재생에너지 보급을 위해 송전선로를 많이 지어야 한다'고 언급하고 있습니다. 저는 이런 문제점들도 결국에는 해법이 존재한다고 생각하지만, 이런 기사들의 주장은 사실에 근거하고 있어 현실을 정확히 인지할 필요는 있습니다. 우리나라에 재생에너지 발전설비가 들어오는 통계를 살펴보면 시간이 지날수록 전남 지역에 발전설비가 집중되고 있는 것을 확인할 수 있습니다. 전기는 생산되면 결국에 어딘가로 흘러야 합니다. 우리나라의 전력은 주로 서울에서 소비됩니다. 그렇기 때문에 전남에서부터 서울까지 관통하는 송전선로가 대규모로 보강되어야 하는 상황이라는 것입니다. 그런데 이를 위한 사회적 수용성을 확보하기가 어렵다는 문제가 있습니다.

그러면 우리는 어려운 문제 앞에서 손 놓고 있어야 할까요? 기후변화의 속도는 빠르고 우리의 대처는 늦었으니 포기해야 할까요? 그나마 손에 잡히는 감축 수단이 있는 전환 부문에서 더 힘을 내 줘야 나머지 부문들이 자신감을 얻고 감축에 동참할 수 있을 겁니다. 그리고 우리가 아직 제대로 활용하지 못한 해법이 하나 존재합니다. 바로 지붕형 태양광입니다. 제가 대표로 운영하는 민간 기후에너지 정책 싱크탱크인 사단법인 넥스트에서는 인공위성 데이터와 국가지리정보시스템을 바탕으로 전국의 건축물 현황을 데이터베이스로 만들고, 지붕형 태양광을 설치할 수 있는 용량을 아주 보수적으로 추정하는 결과를 발표하기도 하였습니다. 그 결과는 상당히 놀랄 만한 수치입니다. 바로 43GW(기가와트)의 태양광을 지붕에 설치할 수 있다는 것이죠. 너무 작은 건물이나 지붕에 구조물이 이미 설치된 경우 등은 모두 제외한 최소한의 수치입니다. 태양광 패널의 효율이 높아지면 같은 면적에 설치할 수 있는 용량은 더욱 늘어날 것입니다.

우리나라의 목표를 살펴보면 2030년까지 보급해야 할 재생에너지 누적 용량을 75GW 수준으로 전망하고 있습니다. 여기에 약 6.4GW의 자가용 지붕형 태양광은 별도의 목표로 가지고 있습니다. 그중 2024년 초 기준으로 25~27GW 수준의 재생에너지원이 설치되어 있습니다. 우리나라가 가지고 있는 지붕형 태양광의 잠재량만 잘 활용해도 2030년 목표를 상당 부분 달성할 수 있게 되는 것입니다. 지붕형 태양광은 별도로 전력 계통에 접속하는 것이 아니라 송전선로 투자를 직접적으로 유발하지도 않고, 오히려 전력 수요가 많은 수도권에 집중적으로 설치할 경우 전력 수요를 경감하는 일석이조의 효과도 있습니다. 또한, 자가소비 목적으로 설치하는 지붕형 태양광은 전기 요금 절감의 효과도 있어서 강력한 물가 방어 수단이면서 폭염 대책 수단이기도 합니다. 매년 여름 폭염에 대비하기 위해서 취약 계층 전기 요금을 현금으로 보조하는 것보다는 지붕형 태양광을 설치해주는 것이 더 효율적인 방법일 수 있습니다.

정부는 전력 수급 기본 계획을 통해서 자가용 지붕형 태양광이 1년에 400MW(메가와트)씩 선형적으로 늘어날 것이라고 전망해 왔습니다. 하지만 이는 전기 요금이 인상되지 않고 정부가 큰 관심을 기울이지 않을 때의 상황입니다. 최근 가파른 전기 요금 상승으로 예상보다 더욱 빠르게 지붕형 태양광이 늘어나고 있습니다. 우리도 이 흐름에 동참하여 더 빠른 변화를 만들어 내야 할 것입니다.

이렇듯 우리에게 해법이 없는 것이 아닙니다. 하지만 지붕형 태양광만 믿고 있어서는 안 됩니다. 우리의 목적은 2030년의 중간 목표를 달성하는 것을 넘어서 2050년 탄소중립을 달성하는 것이기 때문이죠. 2030년 이후에는 해상풍력발전이 대거 들어와야 하는데 인허가부터 국산화 문제, 기존 사업자와 신규 사업자의 갈등 등 여러 가지 문제가 복합적으로 남아 있습니다. 그렇기에 새 국회가 구성되면 이에 대한 법을 반드시 시급히 다루도록 유권자들이 요구해야만 해상풍력 보급의 골든타임을 놓치지 않을 수 있습니다. 정쟁과 상대에 대한 심판이 아닌, 진짜 정책을 다뤄 줄 정치인들이 필요한 상황입니다.

얼마 남지 않은 1.5도 상승, 우린 당장 무엇을 해야 하나?

앞서 이야기한 것처럼 정부가 2022년부터 2030년까지 볼록한 배출 경로를 설정해 놨기 때문에 2030년부터 2050년까지 섭씨 1.5도 이내로 기후변화를 막기 위해서는 2030년 이후 탄소 배출량을 매우 가파르게, 지금보다 더욱 빠르게 감소시켜야 합니다. 기후변화를 막기 위해 우리에게 주어진 탄소 예산은 한정적이기 때문에 앞에서 덜 줄였다면 미래 세대가 더 큰 부담을 지게 되는 구조입니다. 우리에게는 '늦었다! 어떡해!' 하고 발을 동동 구를 시간이 없습니다. 우리는 무조건 할 수 있는 것을 전부 해야만 하는 상황에 와 있습니다.

결론을 내리자면 방향은 명확합니다. '재생에너지를 늘려야 한다.' 그런데 재생에너지를 늘리기 위해 부딪혀야 하는 전력 계통 포화, 사회적 수용성이라는 문제가 쉽지 않습니다. 그렇다면 어떻게 해야 할까요? 산업 부문, 대기업에 배출량 감축에 대한 노력을 요구해도 큰 효과를 얻지 못할 수 있습니다. 왜냐하면 시간이 필요한 부문도 있기 때문입니다. 일단 일상에서 우리부터 변화할 것을 제안해 봅니다. 우리 집 지붕이 비었다면 태양광 패널을 설치하면 됩니다. 우리 집 베란다가 비었다면 태양광 패널을 달면 됩니다. 그런 방식으로 전환할 수 있는 양이 최소 43GW입니다. 이런 방식으로 각각의 가정에서 노력하면 에너지 전환의 일정 부분을 성공할 수 있다고 생각합니다.

'그래도 이미 늦은 것 아니냐?'라는 질문에 저는 또 다른 답변을 하고 싶습니다. 올해 이 기회를 놓치면 내년은 더 힘들고 내년에 안 하면 내후년에는 더 힘들다고 말입니다. 10년 동안 안 하면 향후 10년 동안 더 힘들 것입니다. 그래서 저는 각자의 자리에서 할 수 있는 것들을 당장 해 보자고 제안합니다.

5장

기후위기 대응과 경제·금융

김용범

기후위기, 경제 및 금융과 어떻게 연결되어 있는가

이 장에서는 기후 문제가 거시경제 및 금융과 어떻게 연관되어 있는지에 대해 논하고자 합니다. 저는 '팬데믹 이후 거시경제 체제가 근본적으로 변화했다'는 견해를 가지고 있습니다. 이 관점은 2022년 3월 출간한 『격변과 균형』에서도 다루었습니다. 이 글에서는 세 가지 주요 주제를 다룰 것입니다. 첫째, 거시경제 체제의 대전환, 둘째, 거시경제 체제 대전환이 기후위기에 주는 시사점, 셋째, 민간 기후 금융의 역할입니다.

2020년 팬데믹이 발생했을 때, 저는 기획재정부 제1차관으로서 현장 정책 대응의 실무 총책임자였습니다. 그 당시 이 사태가 일반적인 경제적·사회적 위기를 넘어선 것임을 직감했으며, 이에 전력을 다해 대응했습니다. 또한, 한국판 뉴딜 정책의 기본 틀과 그 핵심 요소인 그린뉴딜 정책의 '2050 탄소중립 추진 전략'까지 실무적으로 총괄했습니다. 이러한 정책 경험을 바탕으로 공직을 떠난 후에도 팬데믹이 중대한 위기이며, 이 변화된 상황을 올바르게 인식하고 대응해야 한다는 메시지를 외부 강연 등에서 지속적으로 전달해 왔습니다. 이러한 생각을 정리한 것이 『격변과 균형』입니다. 이 책에서 2022년 이후 전개될 상황으로 '복합 위기'라는 개념을 강조했으며, 이 용어는 요즘 정부 발표와 언론에서도 널리 사용되고 있습니다.

2022년 2월에 발발한 러시아-우크라이나 전쟁은 팬데믹 이후 변화된 거시경제 체제에 대한 저의 생각을 다시 한번 확인시켜 준 중요한 사건이었습니다. 이처럼 2020년대 초반 팬데믹과 전쟁을 겪으며 거시경제와 국제경제 질서의 기본 구조가 근본적으로 변화했다는 점을 이해하는 것은 장기적인 미래를 전망하는 데 필수적입니다. 저는 이러한 관점에서 '거시경제 체제의 대전환'이라는 메시지를 지속적으로 공유하고 있습니다.

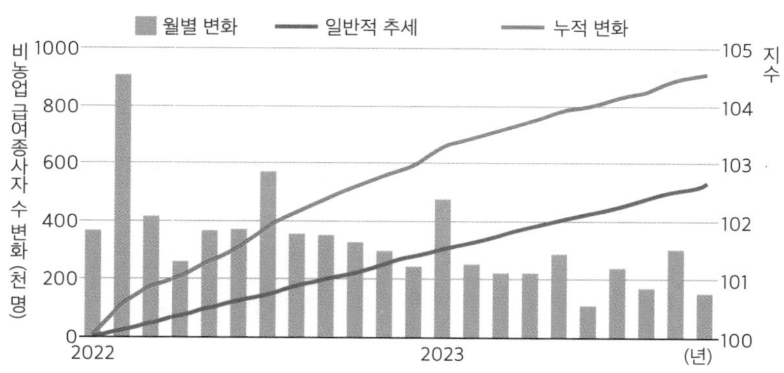

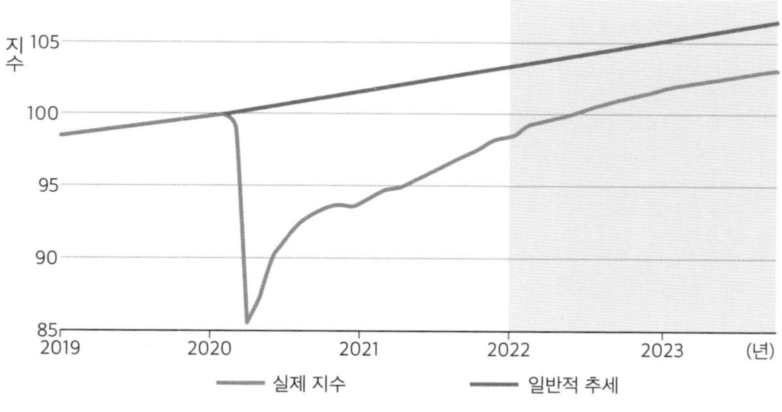

미국 비농업 급여종사자 월별 지수와 역사적 추세
자료 : BlackRock Investment Institute

84쪽의 그래프는 미국의 고용 통계이며, 팬데믹이라는 구조적 요인을 고려하여 관련 통계를 해석해야 할 필요성을 잘 설명해 줍니다. 위의 그래프는 월별 고용 증가 수치를 나타내며, 고용 증가 규모가 통상적인 추세를 상회함을 보여 줍니다. 파란색은 역사적 추세선입니다. 현재 고용 수치를 나타내는 빨간색은 이 추세선보다 빠르게 증가하고 있습니다. 이렇듯 전년 대비 월간 수치를 기준으로 하면, 미국 노동 시장에서 고용이 역사적 평균보다 더 많이 증가하고 있다고 해석할 수 있습니다.

아래 그래프는 시야를 조금 넓혀서 트렌드를 길게 보는 자료입니다. 장기적 관점에서 팬데믹이 시작된 2020년에 고용이 급격히 감소했음을 보여 줍니다. 2020년 3월부터 몇 달 만에 약 2,000만 명의 노동자가 일자리를 잃었습니다. 이후 고용은 점진적으로 회복되고 있지만, 팬데믹이 없었다면 도달했어야 할 수준에 비해 여전히 낮은 수준에 머물고 있습니다. 즉, 연간 고용 증가율이 역사적 평균을 상회하는 것처럼 보일 수 있으나, 팬데믹이라는 구조적 충격을 고려한 장기 트렌드를 고려하면 해석이 달라집니다. 따라서, 경제 상황을 분석할 때는 다양한 요소와 시간대를 고려하여 종합적으로 이해하는 '원근법으로의 접근'이 필요합니다.

이러한 상황을 기본적인 경제학의 수요와 공급 관점에서 살펴보면, 팬데믹은 총공급 곡선이 왼쪽으로 이동하며 수축하는 고전적 사례로 볼 수 있습니다. 락다운 동안 전 세계가 정지된 것은 실험으로 재현할 수 없는 수준의 전면적인 활동 중단을 의미합니다. 심지어 전쟁 상황에서도 전선 후방에서는 공장 운영이 지속되곤 하지만, 팬데믹 동안에는 전 세계가 거의 동시에 활동을 중단했습니다. 이는 전례 없는 사건으로, 경제에 미치는 영향을 이해하기 위해서는 필수적으로 고려해야 합니다.

총공급	락다운, 노동인구 감소, 공급망 재편, 에너지 무기화, 저탄소 전환 ⇒ 총공급 곡선이 왼쪽으로 이동 (생산력 위축)
총수요	인위적 수요 진작을 위한 각국의 기록적인 재정적자와 양적완화 ⇒ 총수요 곡선이 오른쪽으로 이동 (수요 진작)

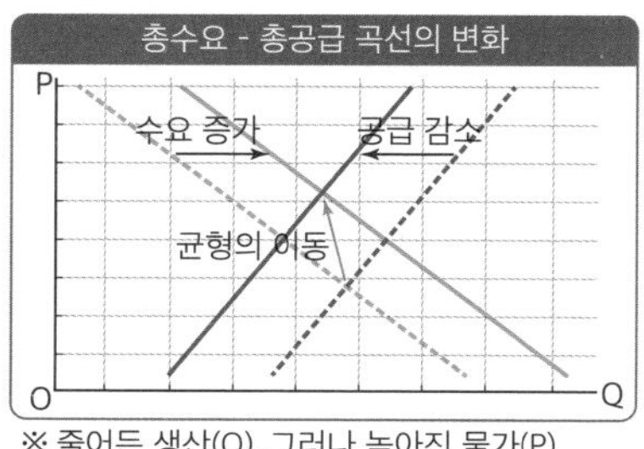

※ 줄어든 생산(Q), 그러나 높아진 물가(P)

팬데믹 충격과 총수요-총공급 모형

글로벌 거시경제 구조를 변화시킨 팬데믹의 충격

락다운 기간에는 공장과 필요한 부품이 있음에도 불구하고, 공장에서 일할 노동자가 없어 원활한 생산을 할 수 없었습니다. 인위적인 실험으로 재현할 수 없는 실제 상황이 도래한 것입니다. 노동자들이 공장에 출근할 수 없었고, 많은 사람이 질병으로 인해 생을 마감했으며, 선원 부족과 항만 작업자들의 부재로 인해 선박 운항이 중단되는 등 여러 사건이 겹쳐 총공급 곡선이 왼쪽으로 이동했습니다.

또한, 2020년 이후 각국 정부는 대규모 정책 대응을 펼쳤습니다. 팬데믹의 충격이 특히 심각했던 미국은 GDP 대비 17퍼센트에 달하는 재정적자 규모의 막대한 재정 지출을 단행했습니다. 비교적 팬데믹 방어에 성공했던 대한민국도 한 해에 네 차례에 걸친 추가경정예산 편성으로 재정 지출을 확대했습니다. 통화정책 측면에서의 확장은 '바주카포'라는 표현까지 사용될 정도로 더욱 극적이었습니다. 같은 양적 완화 정책이었지만, 2008년 글로벌 금융 위기 이후 실시된 양적 완화와 2020년 팬데믹 시기의 양적 완화는 확연히 달랐습니다. 저는 2020년 미국과 유럽 통화 당국의 대응을 이전 시기의 양적 완화 정책에 스테로이드를 10배 정도 더 친 셈이라고 표현합니다. 글로벌 위기 이후 7~8년간 몇 차례 나누어 실시된 양적 완화와 비교할 때, 팬데믹 기간의 양적 완화는 단 몇 개월 만에 이전 시기의 양적 완화 규모를 초과하는 유동성을 공급했습니다. 이처럼 팬데믹과 러시아-우크라이나 전쟁으로 인해 생산능력이 크게 위축된 상황에서 재정과 통화 양쪽에서 대규모 유동성이 투입되자, 수요가 폭발하며 오랜 기간 잠잠했던 인플레이션이 갑자기 나타나게 되었습니다.

2020년 이후의 세계경제는 2년씩 단계를 나누어 볼 수 있습니다. 초기인 2020년과 2021년은 단순하게 팬데믹과의 대결 기간으로 정의될 수 있습니다. 이 시기에는 전 세계적으로 마스크 착용, 락다운 실시, 백신 개발 및 접종으로 인한 일시적 완화 등이 시행됐으며, 일련의 조치들은 여러 차례의 팬데믹 국면을 관리하는 데 중점을 두었습니다. 이 두 해 동안은 주로 팬데믹과 싸우면 대공황을 방지하기 위한 무차별적 정책 대응이 이루어졌던 시기로 정리할 수 있습니다.

이어진 2022년과 2023년은 예상치 못한 인플레이션의 발생으로 특징지어집니다. 팬데믹 이전에는 인플레이션이 주로 개발도상국의 문제로 간주되었고, 선진국은 디플레이션과 마이너스 금리의 문제에 더 집중하고 있었습니다. 따라서 초기에는 미국 연방준비제도(Fed)를 비롯한 선진국 중앙은행은 그저 팬데믹이 지나가는 현상이라고 생각하고 있었습니다. 그러나 높은 인플레이션 수치가 지속되며 새로운 도전 과제로 부상하였습니다. 중앙은행들은 뒤늦게 부랴부랴 '인플레이션과의 전쟁'을 시작하며 정책 금리를 50bp(비피, 1bp=0.01%포인트) 올린 빅 스텝, 75bp 올린 울트라 스텝을 밟아 가며 금리를 가파르게 인상했습니다. 이렇듯 2022년과 2023년은 급격한 금리 인상의 시기로 볼 수 있습니다.

2024년과 2025년은 이러한 고금리의 본격적인 영향이 나타나는 시기가 될 것으로 예상합니다. 통화정책은 일반적으로 1년에서 1년 반 정도의 기간을 두고 정책 효과가 나타나므로, 이 시기에는 금리 인상의 여파로 인한 경기 침체가 발생할 가능성이 있습니다. 이러한 경기 침체는 기업 실적 악화, 고용 감소 등 다양한 형태로 나타날 수 있습니다. 2026년경에는 세계경제가 팬데믹으로 인한 충격에서 어느 정도 벗어날 것으로 예상하지만, 완전한 회복을 의미하지는 않습니다. 팬데믹은 세계경제에 근본적인 변화를 가져왔으며, 이러한 변화는 향후 몇 년간 경제 전망에 계속해서 영향을 미칠 것입니다. 따라서 현재와 미래의 경제 정책 결정은 이러한 장기적인 변화를 고려하여 신중하게 이루어져야 합니다.

지금까지의 논의를 중간 정리 해 보면, 2020년 팬데믹의 충격은 세계 경제와 한국 거시경제의 구조를 근본적으로 변화시켰고, 우리는 그 충격의 중간 구간을 지나고 있다고 볼 수 있습니다. 지금은 저성장, 고물가, 고금리의 시대입니다. 세 가지 요소가 결합하면 과거 저금리 시대에 축적된 부채의 부담이 가중됩니다. 이자 부담은 커지는데 소득과 이익은 줄어들며, 신용 상태는 악화됩니다. 이로 인해 한계에 달한 차주들의 채무 불이행이 증가하고, 가계 부채와 기업 부채로 인한 시장 변동성이 확대되며, 극단적인 경우 금융 시스템의 불안정성이 초래될 수 있습니다.

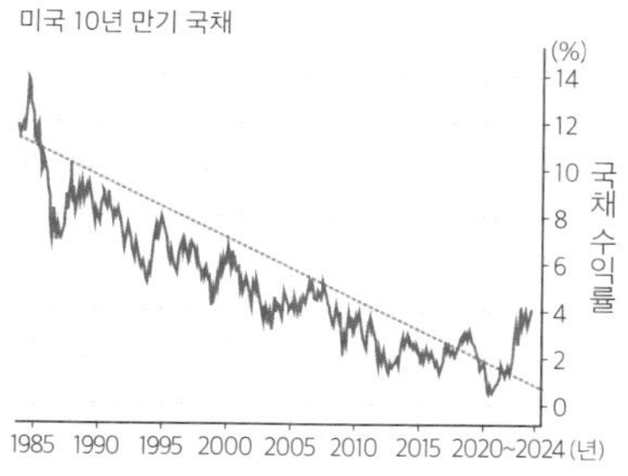

재정수지와 이자비용

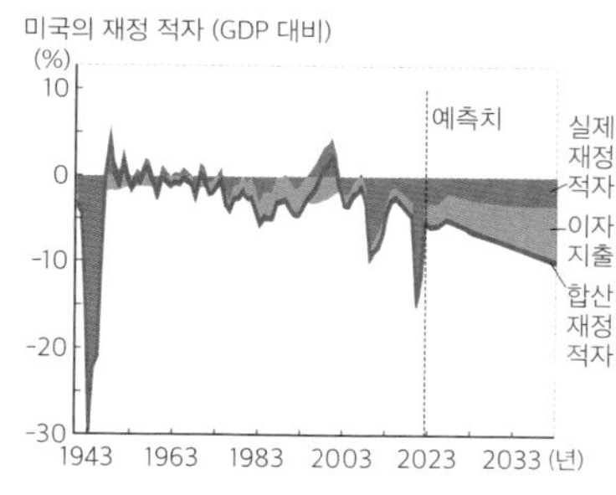

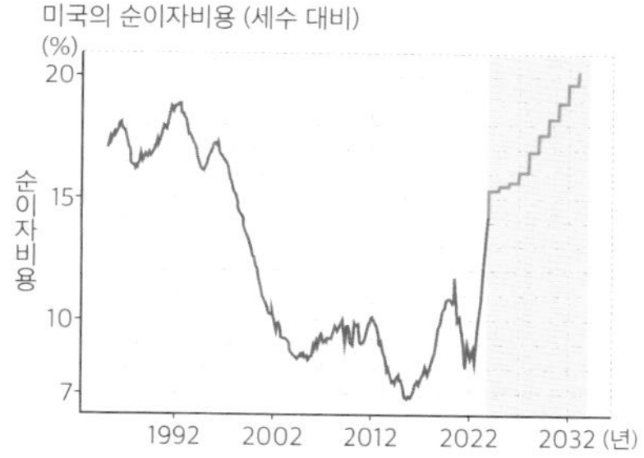

재정의 위기

정체된 성장과 지속된 고금리는 재정수입의 감소와 국채 부담의 증가를 가져왔다.

거시경제 변화는 기후위기에 어떤 영향을 미치는가

다음으로는 두 번째 주요 주제인 '거시경제 변화가 기후위기에 주는 중요한 시사점'에 대해 알아보겠습니다. 첫 번째로 주목해야 할 점은 재정의 위기입니다. 팬데믹에 대응하면서 여러 나라의 재정 상황이 악화되었습니다. 다음 자료 속 미국의 재정 적자를 살펴보면, 적자 규모가 점차 커지는 추세를 확인할 수 있습니다. 적자는 계속해서 증가하고 있으며, 앞으로 재정 적자가 더욱 심화될 것이라는 예상을 할 수 있습니다.

또한, 미국의 10년 만기 국채 금리 추세를 보면 지난 40년간 금리가 지속적으로 하락해 왔음을 알 수 있습니다. 지나온 시기가 금융 면에서 비교적 안정적이었음을 의미합니다. 그러나 팬데믹 이후 갑작스럽게 나타난 인플레이션으로 인해 장기간의 하락 추세가 중단되고, 금리가 처음으로 우상향으로 바뀌었습니다. 이 변화는 거시경제적 관점에서 매우 중대한 사건으로, 장기금리의 추세 변화는 심대한 의미를 지닙니다.

우측 상단 그래프는 역사 이전부터 현재에 이르기까지 장기금리의 변화를 나타냅니다. 기록이 부족한 시기의 금리는 주로 점토판 같은 고대 기록에 의존했기에 정확히 알기는 어렵지만, 기록이 있는 몇 세기 동안의 장기금리가 대체로 4~5퍼센트 범위에 머물렀습니다. 이를 통해 우리는 지난 40년 동안의 장기금리 하락 추세가 오히려 역사적으로 보면 예외적인 현상이며, 팬데믹 이후의 상승한 금리 수준이 역사적 평균에 더 가깝다는 사실을 알 수 있습니다. 이제, 과연 장기금리가 팬데믹 이전의 하락 추세로 돌아갈 것인지 의문이 생깁니다. 계속해서 강조하듯, 팬데믹 이후 거시경제 체제는 변화하였습니다. 인플레이션은 점차 줄어들고 있지만, 팬데믹 이전 수준으로 회귀하기는 어려울 것입니다. 따라서, 장기금리도 현재보다는 낮아질 수 있으나 1퍼센트 미만으로 떨어질 것으로 보기는 어렵습니다.

국채 금리 상승은 정부의 이자 부담을 크게 증가시킵니다. 이자 수준이 높은 상황에서 재정 적자가 확대되면 재정 지출 중 이자 지급에 충당해야 할 부분이 커지게 됩니다. 일본의 경우 이미 전체 재정 지출 중 이자 지급이 가장 큰 항목이 되었습니다. 미국 역시 이자 지급액이 이미 국방비 지출을 초과했으며, 곧 가장 큰 지출 항목인 사회보장 지출에 근접할 것으로 예상됩니다. 이처럼 재정 적자 규모와 국채 발행 금리가 동시에 증가하는 현상은 결국 국가가 이자 지급을 위해 더 많은 국채를 발행해야 하는 상황으로 악화될 위험이 크며, 이는 재정 위기의 신호로 해석될 수 있습니다.

기후위기에 재정의 위기란 무엇을 의미할까요? 기후위기 해결에 있어 정부의 역할은 매우 중요합니다. 그리고 재정은 정부가 그 일을 수행하는 데 있어 가장 중요한 수단입니다. 예를 들어, 탄소포집 기술과 같은 기후위기 해결을 위한 혁신적인 기술에 대한 연구 개발(R&D) 지원은 상업적 방법만으로는 해결할 수 없는 영역입니다. 이러한 프로젝트는 정부가 국가 차원에서 20년 혹은 30년간 지원을 약속해야만 시작될 수 있으며, 순전히 상업적인 접근으로는 극복하기 어렵습니다. 하지만 재정 상황이 악화되면, 정부가 대규모 R&D 지원을 하는 것이 어려워집니다. 송배전망을 새로 설치하고 스마트 그리드로 전환하는 전력 인프라 개선도 비슷한 경우입니다. 전력 인프라 프로젝트는 한국전력공사가 담당하기는 하지만, 넓은 의미에서는 재정의 범위 안에 있습니다. 전기 요금 문제도 중요하지만, 재정 여력이 부족하면 '넷제로(Net Zero)', 즉 순배출량 0이라는 목표를 향한 에너지 전환 작업을 가속화하기 어렵습니다. 산업 분야에서 에너지 전환이 이루어지면 불가피하게 피해를 입는 이들이 생깁니다. 피해자 구제, 중소기업에 대한 새로운 기술로의 전환 지원, 직업 훈련 지원 등은 모두 재정이 중요한 역할을 하는 분야입니다.

거시경제 전문가로서 제가 전달하고 싶은 메시지는 팬데믹 이전에 비해 기후 문제의 해결이 더욱 어려워졌다는 것입니다. 한편, 탄소세 도입은 기후위기 해결의 중요한 단계입니다. 과도한 탄소 배출 부문에 대한 비용을 증가시켜 배출을 억제해야 하지만, 새로운 세금에 대한 저항과 정치적 부담으로 인해 실행으로 옮기지 못하고 있습니다. 탄소 배출을 줄이기 위해서는 화석연료에 대한 유가 보조금도 줄여야 합니다. 단순히 디젤차에 대한 규제와 전기차 보조금 지급만으로는 충분하지 않습니다. 기존의 유가 보조금을 줄이는 것은 탄소세를 신설하는 것만큼이나 정치적으로 어려운 일입니다. 그러나 국가 재정이 어려워지고 국채 발행 외에 다른 방법이 없어진다면, 유가 보조금을 줄이거나 탄소세를 도입하는 등의 조치가 현재보다 더 많은 탄력을 받을 수 있습니다. 이는 재정 위기가 기후 문제 해결에 미치는 영향이 반드시 부정적이지만은 않다는 것을 의미합니다. 재정적 어려움이 오히려 기후위기에 대응하는 데 필요한 정책 변화를 촉진하는 계기가 될 수 있음을 뜻합니다.

거시경제 체제 변화가 기후위기 해결에 미치는 두 번째 시사점은 변혁적 신기술에 대한 관심이 크게 높아지고 있는 현상입니다. 팬데믹으로 상당수의 사람들이 세상을 떠나고 다양한 이유로 조기 은퇴함에 따라 노동인구가 감소했습니다. 또한 여러 지역에서 고령화가 본격화되면서 생산력 저하와 저성장이 예상됩니다. 이러한 공급 측면의 문제를 해결하기 위해서는 생산성을 높이고 혁신적인 신기술을 도입해야 합니다. 따라서 인공지능을 포함한 변혁적 신기술에 대한 관심이 커지고 있습니다. 변혁적 신기술에는 인공지능, 블록체인, 유전자 가위 같은 바이오 기술, mRNA 백신, 비만 치료제, 그리고 이차전지, 풍력, 태양광과 같은 신재생에너지 기술 등 소위 기후테크나 딥테크가 포함됩니다. 최근 미국 주식 시장에서는 이러한 기술 관련 주식들이 '매그니피슨트 세븐Magnificent Seven'이라 불리며 장기간 상승세를 이어 가고 있을 정도로 변혁적 신기술에 대한 관심과 시장 영향력이 어느 때보다 높습니다. 기술의 압도적인 우위와 지배력은 기술 발전 주기에 따른 자연스러운 현상일 수 있지만, 저성장, 고물가, 고금리의 시대적 상황으로 기술의 중요성이 더욱 부각되고 있습니다.

민간 기후 금융의 역할이 중요해진다

세 번째 시사점은 민간 기후 금융의 중요성이 부각되고 있다는 것입니다. 재정 위기로 인해 정부의 역할이 제한됨에 따라, 민간 부문과 금융 부문의 역할이 더욱 중요해지고 있습니다. 특히, 아직 표준화되지 않은 새로운 핵심 기술에 대한 투자는 은행보다는 벤처캐피탈과 같은 자본시장이 더 적합한 역할을 할 수 있습니다. 미국의 최대 자산 운용사인 블랙록BlackRock은 에너지 전환과 기후 회복탄력성을 앞으로 중점적으로 살펴볼 분야로 언급하고 있습니다.

	리스크 관리 및 평가		스마트 강화 및 재건	
종류	탄력성 솔루션			탄력성 기반 시설
	리스크 평가 및 계량화	리스크 관리	기존 환경	
예시	공모 자본, 사모 자본, 기업 신용			지자체/ 국가 채권, 실물 자산, 프로젝트 파이낸스
	모니터링: 공기 품질 센서, 기상관측소, 인공위성 **분석:** 일기예보, 초기 경고 시스템, 기후 리스크 분석 **비즈니스 인텔리전스:** 공급망 분석, 산업 생산 및 운영	**식품/농업:** 정밀 농업 기술, 가뭄 저항 작물, 무균 포장 **헬스:** 냉매 운송, 질병 감독, 원격 헬스케어 (텔레헬스) **리스크 이전:** 지수형 보험, 기후 파생상품	**건설:** 난방, 환기 및 에어컨, 기후저항 물질 **상수도:** 현장 수확 및 재활용, 스마트 수량계 **에너지 공급:** 현장 생산 및 보관	**홍수 보호:** 방파제, 제방, 폭우 관리 **상수도:** 급수 처리, 담수화 **에너지 공급:** 분산 그리딩, 미세 그리딩, 저장소 및 기후 대비 인프라

분야별 기후 회복탄력성 산업
자료 : BlackRock

우리 앞에 놓인 과제는 매우 분명합니다. 기후위기 해결은 현재 우리 시대에서 가장 시급하고 중요한 시대정신입니다. 양적 완화 정책으로 인해 시장에 유입된 막대한 자금은 투자처를 찾아 방황하고 있으며, 변동성이 커진 시장 상황 속에서 투자자들은 더욱 조심스러워하고 있습니다. 혁신적인 신기술에 대한 관심이 높은 이유는 미래 수익에 대한 기대가 있기 때문입니다. 결국, 우리는 기후위기와 수익 창출이라는 두 가지 과제를 잘 엮을 방법을 찾아내야 합니다. 최근 인공지능 분야에서 보듯, 기술에 대한 투자자들의 관심은 고조되고 있습니다. 반면, 기후위기 대응을 위한 실질적인 투자는 크게 부족한 실정입니다.

세계적인 투자자 레이 달리오Ray Dalio에 따르면, 전 세계 연기금과 국가 펀드가 보유한 자산은 약 120조 달러에 달합니다. 그러나 기후위기 해결을 위해 투입되는 자금은 단 1조 달러에 불과합니다. 이는 필요한 투자 금액의 약 6분의 1에 해당합니다. 즉, 심각할 정도로 과소한 투자가 일어나고 있는 것입니다. 예를 들면, 개발도상국에서 필요한 기후 투자 재원은 연간 약 1.5조에서 3조 달러로, 2040년까지는 총 15조에서 30조 달러가 필요할 것으로 추정됩니다.[1]

기후위기 해결을 위해 열정적인 활동가들, 녹색전환연구소와 같은 싱크탱크, 학계의 연구자들과 정치인들의 역할이 중요하다는 것에는 의심의 여지가 없습니다. 마찬가지로 기후 문제와 관련된 기술을 깊이 이해하고, 특히 어려움을 겪고 있는 분야를 파악하는 창업가가 필요합니다. 이러한 이해를 바탕으로 투자자들을 설득할 수 있는 창업가가 더 많아진다면 기후위기 해결에 큰 도움이 될 것입니다. 또한, 기후 문제를 이해하고 적절한 투자를 실행할 수 있는 투자자도 필요합니다. 한국에는 이미 많은 활동가가 있지만, 열정적인 활동가만큼이나 유능한 창업가와 사려 깊은 투자자의 필요성도 강조되어야 합니다. 따라서 기후 문제 해결에 대한 소명을 가진 이들이 창업과 전문적인 투자 펀드 창립에도 관심을 가져야 합니다.

1 Ray Dalio. The Fourth Big Force: Climate Change, 2023.

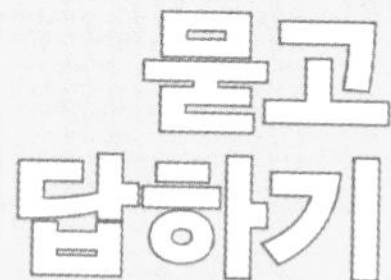

Q. 지난해 우리나라 세수 부족액이 59조에서 60조 원 정도 된다고 합니다. 또한, 경제성장률은 1.4퍼센트였습니다. 그 얘기는 외환위기나 팬데믹 같은 예외적인 경우를 제외하고 최악의 상황이었다는 뜻입니다. 올해는 2퍼센트 성장을 얘기하고 있지만, 재정이 풍부해야 움직일 수 있는 동력이 되는데 일단 정부에 돈이 없고 부자 감세 때문에 더 없게 될 예정입니다. 또 한편으로 인플레이션, 고금리로 인한 부담도 예측됩니다. 이런 상황에 정부가 해야 할 정책적 대응과 민간 차원에서 해야 할 일이 궁금합니다.

A. 한국의 2023년 경제성장률이 1.4퍼센트대로 굉장히 낮다는 말을 하지만, 저는 10년 뒤에는 이 정도 수치도 호사였다는 말을 하게 될 수도 있다는 의견입니다. 인구나 여러 가지 추세, 유럽과 일본을 참고했을 때 정말 비상한 노력을 하지 않으면 성장률 1.4퍼센트와 비슷한 추이로 갈 수밖에 없다고 봅니다.

그래서 저는 경각심을 가져야 한다고 생각합니다. 세수 부족이 60조라는 것은 기재부가 추정을 잘못한 측면도 분명 있지만, 제가 거시경제 체제의 전환이라는 말을 했듯이 팬데믹 이후 거시경제의 모델 자체가 바뀌었는데 기재부도 아직 새로운 추계 모델이 없어서 그런 것이니, 부족액 60조는 사실 그간 많이 쌓였던 재정의 정상화 과정으로 본다면 그렇게 액수 자체에 집중할 필요는 없을 것 같습니다.

그보다 저는 정말로 안타까운 것이 2050 탄소중립 실행 계획의 표류입니다. 우리도 2021년에 여러 환경적인 변화와 글로벌 흐름 때문에 전격적으로 탄소중립 결정을 한 부분이 있습니다. 정부 역시 2050 넷제로 선언에 맞춰서 급하게 실행안을 짰는데, 그 사이에 정권이 바뀌었습니다. 또한 2021년 선언 당시는 팬데믹의 진정한 충격도 정확하게 예측되지 않았을 때입니다. 오늘 제가 강연에서 말씀드린 대로, 그 뒤로 성장은 낮아지고 물가와 금리는 오르는 등 지금은 탄소중립 목표 달성이 더 어려워졌습니다. 그런데 노력은 더 안 하고 있습니다. 당초 계획보다 뒷걸음질 친 분야가 많고 앞으로 나아간 분야는 많지 않아 답답합니다.

저는 『격변과 균형』에서 제조업 비중이 높은 대한민국이 제조업 경쟁력을 상실하지 않으면서도 국제사회에 약속한 넷제로를 달성할 수 있는 탄소중립 실행 계획을 만드는 것이 '절체절명의 과제'라고 말한 바 있습니다. 둘 중 하나를 해야 합니다. 제조업을 놓치든지, 탄소중립을 하든지요. 양자택일의 문제이니 그만큼 어렵습니다.

역설적으로 탄소 배출을 확실하게 줄이려면 역성장, 그러니까 마이너스성장을 하면 됩니다. 지금처럼 우물쭈물하고 있으면 나중에는 정말 그 방법 외에는 길이 없는 막다른 상황에 내몰릴 수 있습니다. 사실 경제성장률 1.4퍼센트도 제조업 기반이 있으니까 가능한 것인데, 탄소중립에 대한 약속을 제대로 이행하려면 1.4퍼센트 유지는 어렵습니다.

성장이 0.5퍼센트로 낮아지면 탄소 배출 자체야 줄일 수 있겠지요. 그런데 그 경우 우리나라 세수가 유지가 될까요? 정말 암담하다는 생각을 합니다. 우리가 제조업을 기반으로 한 경제발전 모델을 30~40년간 유지해 왔는데 지금 그 모델이 큰 역풍에 맞닥뜨려 있습니다. 조금 가다가 절벽을 맞닥뜨리는 것 외에는 방법이 없는 상황은 피해야겠지요. 이런 딜레마적 상황을 각 분야에서 절박하게 인식해야 합니다.

제가 해법 하나하나를 말하는 것보다 정부의 역할이 제일 중요하고 현장에 있는 기업의 발상 전환이 절실합니다. 사실 대기업들은 이 문제를 잘 알고 있습니다. IR도 다니고 투자자도 만나고 하니까요. 그런데 그 밑에 중소기업, 중견기업을 가면 뭘 해야 할지 모르고 뭐가 위기인지도 모르고, 관련 의무도 잘 지키지 못하고 있습니다. '정말 큰일 났구나, 우리나라. 여야의 문제가 아니구나. 이게 내 문제네, 내 일자리고.' 개개인이 이런 생각을 하는 단계까지 가려면 큰 충격과 각성을 줄 수 있는 전환점이 필요하다고 봅니다.

6장

식품 시스템의 정의로운 전환

지현영

식량 생산의 역사, 빈곤에서 비만까지

식량은 인간 활동의 근원이 되는 에너지원입니다. 잉여 식량 생산이 가능해짐으로써 교육, 예술, 문화, 도시, 문명 등 인간을 인간답게 하는 단어들이 생겨났습니다. 하지만 식량이 항상 풍족했던 것은 아닙니다. 인류 역사 속에서 문명의 성장을 가로막는 난관은 주로 기근과 식량 부족이었습니다. 이렇게 인류 역사의 빛과 어둠은 식량 생산의 성패와 길을 같이했습니다.

그런데 우리가 '먹거리'에 대한 하루하루의 걱정으로부터 자유로웠던 기간은 인류 역사에 비추면 매우 짧습니다. 농사를 짓기 시작한 것도 불과 1만 2,000년 전 밖에 되지 않습니다. 농업 생산량은 비료의 발달과 농기계의 발전으로 증가했습니다. 유엔 식량농업기구(FAO)에 따르면, 1938년에서 1950년대에 이르는 불과 10여 년 동안 세계 농업 생산량은 60퍼센트 증가했습니다.

식량 생산이 늘어남에 따라 인구는 증가했고, 인구 증가율보다 식량 생산량의 증가율이 높았던 덕분에 많은 사람이 도시에서 농사 외의 일에 전념할 수 있었습니다. 20세기 초만 하더라도 전 세계 인구는 20억이 되지 않았고, 비율로 치면 100명 중 약 15명만 도시에 살며 농업 외 분야에 종사했습니다. 반면, 식량 생산량이 기하급수적으로 증가한 덕분에 20세기 말 인구수는 60억을 돌파했고, 2007년 5월 세계 인구의 절반 이상이 도시에 살게 되었습니다.

소득이 늘어남에 따라 한 사람이 소비하는 음식의 양이 증가했고 육식의 비중도 높아졌습니다. 20세기를 지나며, 우리는 인류 역사에 유례없이 넘치는 고칼로리 식단, 많은 에너지를 소비해야 생산할 수 있는 식단을 영위하게 되었습니다. 이제 우리는 굶주리는 인구보다 비만 인구가 더 많은 시대를 살고 있습니다.

그러나 여전히 굶는 사람들이 있다

전 세계 사람들이 각자 하루에 2,200킬로칼로리 이상을 섭취할 수 있을 만큼 충분히 식량 생산을 하고 있지만, 여전히 굶는 사람들이 있습니다. 세계식량계획(WFP)과 국제농업개발기금(IFAD) 등은 2022년 전 세계에서 7억 3,000명가량이 굶주림을 겪은 것으로 파악했습니다. 이는 산업화된 식량 시스템 전반에 구조적 불공정이 존재하기 때문입니다. 영양부족 인구 대부분은 개발도상국의 농촌에 거주하는 여성과 어린이들로, 이들 중 상당수는 아이러니하게도 식량을 생산하는 당사자입니다. 농민들은 자연재해의 위험성과 수입의 불안정성에 쉽게 노출되고, 이로 인해 농민들이 도시로 떠나는 추세가 전 세계적으로 증가하고 있습니다. 그러나 이들은 도시에서도 일자리를 찾지 못하고 도시 빈민으로 전락하는 실정입니다.

우리나라도 마찬가지로 농가 인구가 점점 감소하고 있습니다. 통계청에 따르면, 우리나라 전체 가구에서 농가가 차지하는 비율은 2020년 4.5퍼센트, 2021년 4.4퍼센트, 2022년 4.3퍼센트로 점차 감소하고 있습니다. 반면, 농가의 65세 이상 고령 인구 비율은 2020년 42.3퍼센트, 2021년 46.8퍼센트에서 2022년 49.8퍼센트로 증가하고 있습니다. 40세 미만 농가 인구는 2020년 39만 5,229명, 2021년 31만 1,819명, 2022년 28만 3,122명으로 내림세입니다.

농가 인구 감소와 농민 고령화 문제는 농촌 경제와 사회구조뿐 아니라 우리 사회 전체의 기능과 활력을 약화시킵니다. 식량 안보 위기에서 나아가 국가 전체 인구 감소에도 영향을 미칩니다. 농촌을 떠나온 사람들이 많아지면서 도시의 인구가 과밀해짐에 따라 경쟁은 가속화되고, 도시민의 삶의 질은 떨어집니다. 삶의 질이 떨어짐에 따라 출산의 의지 또한 약화되고 결국 과밀한 도시의 인구도 감소세를 겪게 됩니다. 한편, 농가 인구가 감소함에 따라 농촌 지역의 경제활동이 축소되고, 이는 농촌 공간의 인프라 악화를 야기합니다. 결국 농촌은 도시민이 돌아오려 해도 문화시설, 병원, 교통 여건 등 인프라의 부족으로 편리한 삶의 공간에서 점점 멀어지게 됩니다. 농사지을 사람이 줄어드는 만큼 국가의 식량 안보 또한 취약해집니다. 악순환의 고리입니다.

2050년 93억의 인류를 먹여 살려야 하는 지구

한편 인구수가 증가하고, 더 많은 사람이 고기와 기름을 섭취하게 됨에 따라 인류의 건강뿐 아니라 지구 또한 한계에 봉착했습니다. 동물성 식량 생산이 늘어나며 온실가스 배출량이 급격하게 증가했습니다. 더 많은 가축을 먹이기 위해 곡물 생산성을 더 높여야 하고, 이에 따라 화학비료 사용량이 증가하고 있습니다. 더 많은 땅을 개간해 경작지를 확대하면서 탄소 흡수원인 숲은 사라져 갑니다.

이로 인해 토양과 수질에 대한 환경 부하가 커지고, 생물 다양성이 급격하게 감소했습니다. 화석연료 문명의 확장과 인구의 증가, 산림 면적과 생물 다양성 감소 등 다층적 원인이 결합하여 지구는 '기후변화'라는 새로운 위협에 직면했습니다.

인류가 농사를 짓기 시작한 것이 불과 1만 2,000년 전이라고 했죠. 기후과학자 요한 록스트룀Johan Rockström이 '너무 덥지도 않고 너무 춥지도 않은 흔치 않은 시기'라 표현한 안정된 기후의 시기(이른바 '홀로세')는 예측성이 필요한 농업을 가능하게 했습니다. 그러나 과학자들은 기후변화가 최적 기온 범위를 벗어나게 해 문명을 지탱하는 기반을 흔들어 놓을 것으로 전망하고 있습니다. 기후변화는 예측 불허한 재난의 반복으로 농업에 치명적인 영향을 미칠 뿐 아니라 병충해 증가, 낮은 생산성, 영양 가치 하락 등을 야기합니다. 세계식량계획(WFP)은 한 조사에서 기온이 2도 상승하면 전 세계에서 식량 부족 문제를 겪는 인구가 1억 8,900만 명 늘어날 것이라고 밝혔습니다. 만약 지구 평균기온이 산업화 이전보다 4도 오르게 되면 그 수는 기하급수적으로 증가해 18억 명까지 늘어나게 됩니다.

다시 인구 증가 추세로 돌아와 보면, 유엔은 전 세계 인구가 2030년 85억 명, 2050년 97억 명으로 늘어날 것으로 예측합니다. 2018년 세계자원연구소World Resources Institute에서 실시한 연구는, 현재 우리의 식량 소비 패턴을 바꾸지 않는다는 가정하에 2050년 전 세계 인구를 먹여 살리기 위해서는 지금보다 식량을 약 60퍼센트 더 많이 생산해야 한다고 추정합니다. 인류는 한계에 봉착한 지구에서 기후변화로 인해 앞으로 식량 생산량이 더 떨어질 것이라는 변수도 감안하며 늘어나는 인구를 먹여 살려야 하는 난제에 부딪히게 되었습니다. 즉, 2050년 우리는 인류 역사상 한 번도 경험하지 못한 지구 평균기온 1.5도 이상 상승과 지상 최대 인구수라는 두 가지 전제 조건을 동시에 돌파해야 하는 것입니다.

농업의 온실가스 배출은 얼마나 될까?

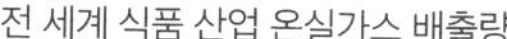

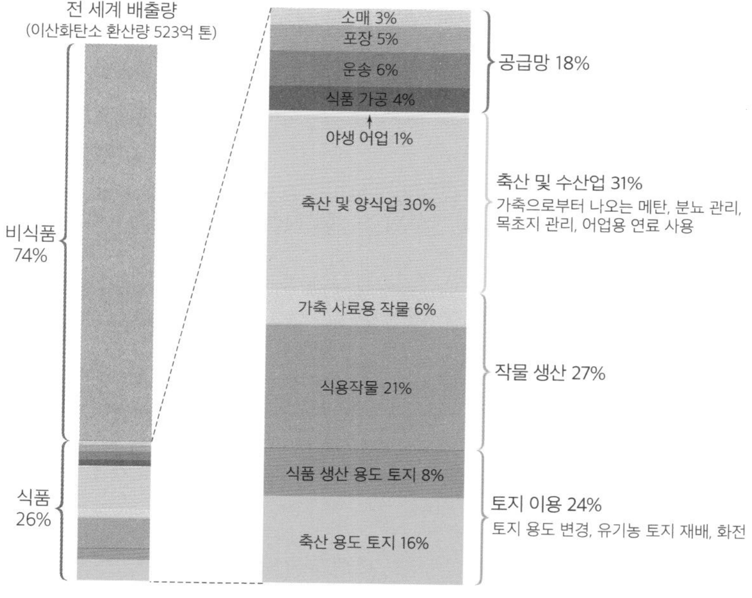

전 세계 식품 산업 온실가스 배출량

그렇다면 농업이 배출하는 온실가스는 얼마나 될까요? 과학 저널 《사이언스》에 따르면, 전 세계 식품 생산이 차지하는 온실가스 배출 비중은 26퍼센트에 달합니다. 여기에는 소매, 유통, 포장, 식품 가공으로 구성된 공급망 배출 비중이 18퍼센트, 축산 및 어업이 31퍼센트, 작물 생산이 27퍼센트, 토지 이용이 24퍼센트를 구성하고 있습니다. 이를 통해 인류가 배출하는 온실가스의 약 3분의 1이 먹는 일과 관련되어 있고, 식품 부문의 온실가스 배출은 대부분 축산, 어업, 작물 생산 등 직접적인 생산 단계에서 발생함을 알 수 있습니다.

농업은 온실가스 배출뿐 아니라 토지 사용, 물 사용, 부영양화, 포유류 및 조류의 생물 다양성 등 다른 환경적 영향도 상당합니다. 인류는 식량 생산을 위해 지구상 거주 가능한 토지의 50퍼센트를 이용하고 있고, 70퍼센트의 담수를 사용하고 있습니다. 식량 생산은 바다 및 담수 부영양화의 78퍼센트에 책임이 있습니다. 포유류와 조류의 각 94퍼센트, 71퍼센트가 가축 또는 가금류로, 인간에 의해 인위적으로 키워집니다.

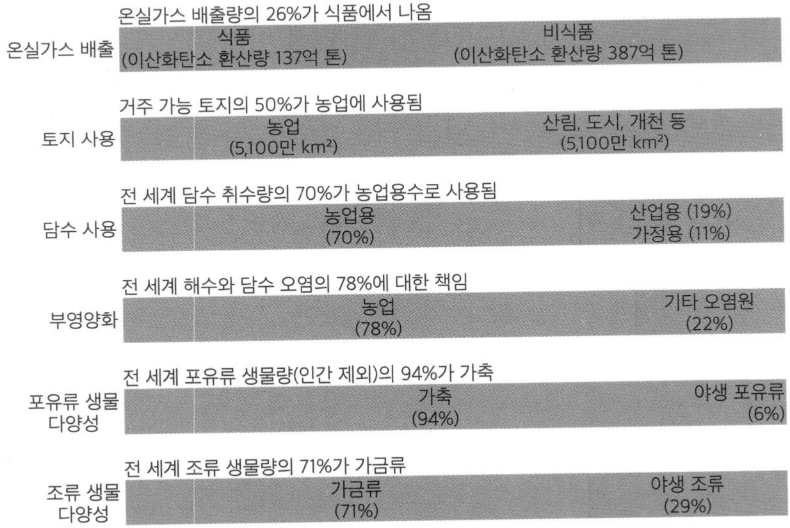

온실가스 배출
온실가스 배출량의 26%가 식품에서 나옴
식품 (이산화탄소 환산량 137억 톤)
비식품 (이산화탄소 환산량 387억 톤)

토지 사용
거주 가능 토지의 50%가 농업에 사용됨
농업 (5,100만 km²)
산림, 도시, 개천 등 (5,100만 km²)

담수 사용
전 세계 담수 취수량의 70%가 농업용수로 사용됨
농업용 (70%)
산업용 (19%)
가정용 (11%)

부영양화
전 세계 해수와 담수 오염의 78%에 대한 책임
농업 (78%)
기타 오염원 (22%)

포유류 생물 다양성
전 세계 포유류 생물량(인간 제외)의 94%가 가축
가축 (94%)
야생 포유류 (6%)

조류 생물 다양성
전 세계 조류 생물량의 71%가 가금류
가금류 (71%)
야생 조류 (29%)

식품과 농업의 환경 영향

국내 농축산 부문 온실가스 배출량은?

국내 농축산 분야 온실가스 배출량의 비중은 어느 정도 될까요? 정부 통계에 의하면, 2018년 기준 농축산 분야 온실가스 배출량은 2,220만 톤으로 국가 전체 배출량의 약 3퍼센트를 차지합니다. 국내 비중이 국제 통계와 큰 차이가 나는 것은, 국내 통계에는 농축산 생산 외 전후방 공급망, 토지 이용 변화에서의 배출이 포함되지 않은 까닭도 있지만, 그만큼 우리 산업에서 농업이 차지하는 비율이 상대적으로 적은 탓도 있습니다. 2022년 기준 국내 식량 자급률은 49.3퍼센트, 곡물 자급률은 22.3퍼센트로, 우리는 먹거리의 많은 부분을 수입에 의지하고 있습니다.[1] 즉 국외로부터 먹거리를 사 오는 비중이 커 식량 안보가 취약할 뿐 아니라, 온실가스 배출량 면에서는 우리가 감축 여하를 좌우하기 힘든 국외 배출 비중이 크다고 볼 수 있습니다.

어쨌든 위의 국내 통계를 기준으로 세부 구성을 살펴보면, 비에너지 부분을 차지하는 경종耕種에서 53.1퍼센트, 축산에서 42.4퍼센트, 에너지 부문에서 4.5퍼센트를 배출합니다. 경종 배출 부문은 벼 재배, 농경지, 작물 잔사 소각을 포함하며, 축산 배출 부문은 가축 분뇨와 장내 발효로 이루어져 있습니다.

1 '식량자급률'은 곡물, 이 가운데서도 가축을 먹이는 데 필요한 사료용 원재료 곡물을 제외한 주식용 곡물만을 대상으로 산정하는 반면, '곡물자급률'은 식량 용도 곡물뿐만 아니라 사료용 곡물, 가공용 곡물 등도 포함한다.

국내 농축산 부문 온실가스 감축 정책은 바로 가고 있는가?

2050 탄소중립 감축 로드맵은 농축산업에서 2018년 대비 2030년까지 26.4퍼센트, 2050년까지 37.2퍼센트를 각 감축해야 한다[2]고 제시하고 있습니다. 정부가 감축 수단을 제시한 주요 부문은 축산에서도 가축 분뇨 처리입니다. 가축 분뇨 처리 방식에는 에너지화, 정화, 액비화가 있을 수 있는데, 이중 가장 경제성이 높은 방식은 액비화입니다. 그러나 이미 우리 농토는 영양 과잉 상태라는 점과 화학비료에 비해 농민들의 선호도가 낮다는 점에서 액비화를 통한 대규모 감축은 그 현실성이 의문시됩니다. 정화와 에너지화는 비용이 상당하기에 민간이 자체 여력으로 감당하기는 쉽지 않아 보입니다. 또한, 예산을 확보하더라도 시설에 대한 인근 주민들의 동의를 얻어 내기가 녹록지 않을 것입니다. 묘안이 없는 상황에서 2021년 유럽회계감사원(ECA)의 지적을 염두할 필요가 있습니다. ECA는 사육 두수를 줄이지 않는 한, 재정 투입으로 축산 부문 온실가스 배출을 줄이지 못한다고 밝히고 있습니다. 즉, 분뇨 처리 방식보다 중요한 것은 분뇨 발생량 자체를 줄이기 위해 사육 두수를 조정하는 것입니다. 따라서 축산 자체에 초점을 맞춘 단편적 계획이 아닌 식품 시스템 전체 가치 사슬을 통합적으로 바라보고 가치 사슬별로 가축 사육 두수 조정을 유도할 수 있는 직간접적 세부 방안을 계획해야 합니다.

장내 발효로 인한 배출을 감축하기 위해서는 메탄이 생성되는 생화학 반응을 억제해야 하는데, 여기에는 해조류와 유기산 등 여러 사료 첨가제가 효과가 있는 것으로 나타납니다. 그러나 농가 입장에서는 특별한 이득 없이 이를 자발적으로 사용할 유인이 없습니다. 유인이 없다면 인센티브를 통해 유인을 만들어 주고, 충분히 홍보가 이루어지지 않은 상황을 감안해 적극적 안내와 교육이 병행되어야 합니다.

2 이렇게 단기간에 더 많은 온실가스를 감축하도록 설정된 이유는 대기 중에 축적되는 탄소의 특성을 고려할 때, 단기간에 더 많은 온실가스를 줄이고 장기로 갈수록 감축하는 양을 줄여 가야 2050년 탄소중립이 가능하다는 국제사회의 감축 원칙 때문이다.

경종 부분의 주요 배출원인 논농사는 논에 물을 댈 때 메탄을 줄이는 것이 관건입니다. 고령화된 농민들에게 관행을 벗어나 새로운 방식의 논물 관리를 요청하기가 현실적으로 어려운 관계로, 감축 방안으로 자동화 시설의 도입이 논의되고 있습니다. 그러나 이는 드는 비용에 비해 감축 잠재량이 많지 않아 비효율적입니다. 따라서 근본적으로는 이산화탄소 배출과 화학비료 사용을 줄이는 등 친환경 농업으로의 전환을 확대할 필요가 있습니다. 친환경 농업은 관행 농업보다 온실가스를 25퍼센트 감축시키는 효과가 있는 것으로 조사되고 있습니다. 그러나 현행 유기농 인증제는 농민의 부담이 상당해 전체 농가 중 차지하는 비중이 매우 낮습니다. 정부는 온실가스 감축 수단으로 친환경 농업의 비중을 늘리겠다고 하나, 막상 그에 대한 지원이나 인센티브는 부족합니다. 또한, 시설 재배 농가의 경우 에너지 전환을 해야 화석연료 소비를 줄일 수 있는데, 농민 입장으로는 아무런 유인 없이 재생에너지 설비 투자를 하기에는 비용 부담이 큰 실정입니다.

현 정부가 사실상 농업 부분에서 가장 많은 예산과 정책을 수립하고 있는 분야는 '스마트 농업 대책'으로 기후위기 대책 또한 여기에 초점이 있습니다. 그러나 이는 고령화된 현 농민들에게는 투자 비용이나 기술 난이도 면에서 접근성이 낮다는 점, 아직 충분히 경제성이 실증되지 않았음에도 가능성만으로 청년 농민들의 부채를 조장한다는 점, 전력화를 기반으로 한 스마트 농업은 재생에너지에 기반하지 않는 한 이른바 '그린워싱greenwashing'의 소지가 있다는 점, 향후에도 에너지 비용이 상당하다는 점 등이 극복해야 할 한계로 보입니다.

유럽연합,
지속 가능한 식품 체계로의 전환

비교적 기후대응을 잘하고 있는 다른 나라의 사례를 살펴보겠습니다. 유럽은 농업 분야의 탄소중립에서 더 나아가 식품 생산-유통-소비에 걸친 탄소중립 정책을 추진하고 있습니다. 2020년 그린딜Green Deal의 핵심 전략으로 농업 부문을 포함했으며, 이를 '농장에서 식탁까지From Farm to Fork, F2F'라고 부릅니다. '농장에서 식탁까지'는 식품의 지속 가능성을 확보하기 위한 종합 계획입니다. 모든 유럽연합 시민에게 건강하고 지속 가능한 식품을 제공하고, 기후변화 대응 및 생물 다양성 보전을 꾀하며, 식품 분야의 공정한 경제에 대한 보상을 지급한다는 전방위적 목표를 수립하고 있습니다. 이를 위해 소비자·생산자·환경을 위한 식품 사슬food chain을 구축하고 필요한 연구 개발·자문 등을 지원해 지속 가능한 식품 체계로의 전 세계적 전환을 유도합니다. 구체적으로는 2030년까지 유기농업 면적을 전체 농지의 25퍼센트로 확대, 화학 살충제 사용량 50퍼센트 감소, 비료 사용량 20퍼센트 감소, 동물 약품 사용량 50퍼센트 감소라는 목표를 수립하였습니다. 또한 수입 식품에도 탄소 배출 감축을 요구하는 동향을 보입니다. 이러한 사항은 유럽연합의 새로운 공동농업정책(2023~2027년, CAP)에도 반영되어 있으며, 새 공동농업정책 예산의 40퍼센트가 탄소중립 분야에 쓰입니다. 저탄소 농업기술을 적용하면서 탄소포집 등의 노력을 하는 농가에게는 인센티브를 지원하고 있습니다. 기존의 의무 시책인 '녹색직불제'를 폐지하고 선택형 직불 성격의 '생태직불금'을 도입하여 정밀농업·유기농업·저탄소농업·동물복지 축산 등의 활동을 할 때 지급함으로써 보다 적극적인 기후대응 농업을 촉진하고 있습니다.

2018년 IPCC 특별보고서는 농업이 기후변화 시대의 목적에 부합하기 위해서는 집약적이고 산업화된 접근 방식에서 벗어난, 생태에 기반한 식품 시스템과 육류 소비를 줄인 더 나은 식품 소비로 전환해야 한다는 점을 확인했습니다. 유럽연합은 소비자들에게 건강하고 지속 가능한 식단의 중요성을 강조하며 소비율이 낮은 곡물, 과일, 채소, 콩, 견과류 등의 소비를 늘리도록 하는 한편, 식품 순환 모델을 통해 식품 폐기량을 줄이도록 유도합니다. 유럽연합 집행위원회는 2030년까지 소매 및 소비 단계에서 1인당 음식물 쓰레기를 절반으로 줄일 방침을 수립하였으며, 소비자가 건강한 식품을 선택할 수 있도록 원산지, 영양, 첨가물 등의 라벨 표시도 한층 엄격하게 관리하고 있습니다. 아울러 공공 분야의 식품 조달에도 지속 가능성을 반영해 유기농 과일·채소에 대해 부가가치세 감면 혜택을 시행할 수 있도록 개정했습니다.

협의의 농축산 온실가스 감축 정책이 아닌 식품 시스템 전체의 지속 가능성 전략을 취했다는 점, 이는 식품 소비의 과정도 포섭하며 이와 연계해 지속 가능한 식단, 폐기물 정책, 식품 라벨링 및 공공 조달까지 전방위적으로 연계하고 있다는 점은 우리에게도 많은 시사점을 남깁니다.

유럽의 농민들은 왜 거리로 나왔을까?

그러나 유럽연합의 기후대응을 위한 먹거리 전환 정책이 모두를 만족시킨 것은 아닙니다. 2024년 초 독일과 프랑스 등 유럽 여러 곳에서는 농민들이 트랙터 등 농기구를 끌고 나와 거센 시위를 벌였습니다. 독일의 경우 정부가 70년 이상 유지해 온 농업용 경유 보조금을 폐지하겠다고 한 것이, 프랑스의 경우 정부가 농업용 경유에 대해 유류세를 인상하겠다고 한 것이 시위를 촉발했습니다. 유럽의 농민들은 이미 강력한 환경 규제를 받고 있는데, 러시아의 우크라이나 침공 이후 물가 급등에 따라 생산비 부담이 늘어나고, 우크라이나산 값싼 농산물이 유입되면서 엎친 데 덮친 격으로 큰 부담을 지게 되었습니다. 유럽에서도 농가의 평균 소득은 전체 평균 이하인데, 이런 상황에서 전쟁 등 외부 요인으로 인한 가격 변동성은 농민들에게 큰 타격이 되었습니다. 그런 상황에서 유럽연합과 각국 정부의 농업 부문 온실가스 감축 정책이 강화되며 분노에 불을 지핀 것입니다. 네덜란드, 포르투갈, 그리스, 이탈리아의 농민들도 유사한 이유로 시위를 벌이고 있습니다.

농민들의 대규모 시위가 잇따르자, 유럽연합과 각국 정부는 황급히 정책을 후퇴시켰습니다. 유럽연합 집행위원회는 2040년까지의 온실가스 감축 권고안에서 농업 분야의 온실가스 배출 감축 목표를 삭제하였고, 4퍼센트 휴경 의무[3]도 한시적으로 면제해 주기로 했습니다. 프랑스 총리는 유류세 인상 계획을 철회하겠다고 양보안을 제시했습니다.

3 농업인이 직불금을 받으려면 생물 다양성 보존이나 토양 보호에 도움이 되도록 작물을 윤작하거나 일정 비율 이상의 농지 면적을 휴경할 의무가 있는데, 유럽연합 집행위원회는 1년간 휴경 여부를 농가 선택에 맡기고, 따로 제재도 하지 않겠다고 하였다.

이러한 사태는 앞으로 농업 부문 온실가스 감축을 실행하는 과정에서 우리나라에서도 얼마든지 발생할 수 있는 일입니다. 식품 시스템 전반에 이미 심각한 불공정이 존재하고, 많은 농민이 기존 농업 구조와 기후변화로 인해 불공정한 대우를 받고 있기 때문입니다. 농민들과 충분히 대화하고 지원하며 기후대응 정책을 수립하지 않고, 하향식의 온실가스 감축 정책으로 농촌 지역사회의 생계가 더 큰 위험에 처할 경우 농민들의 백래시로 기후 정책 또한 좌초될 수 있습니다.

농업의 정의로운 전환

탄소중립 사회로의 성공적인 전환을 위해서는 모든 사람에게 공정한 기회와 삶의 기초를 보장하고, 전환의 비용과 이점을 공평하게 분배해야 합니다. 제6차 IPCC 평가보고서 또한 지속 가능하고 기후 회복력이 있는 개발을 촉진하기 위해 '포용성'의 중요성을 강조합니다.

농업에서도 마찬가지입니다. 농업의 '정의로운 전환'은 농민에게 유리한 방식으로 이루어져야 합니다. 기존의 불평등을 해결하지 않는 한, 탄소중립을 위한 전환은 가장 힘 있는 이해관계자들에게만 유리하게 작용할 것입니다. 전환의 과정이 정의롭지 않을 경우 유럽의 사례처럼 저항에 부딪히게 될 것이며, 탄소중립으로의 전환 또한 실패할 것입니다.

농업의 정의로운 전환은 식량 시스템을 기후변화 시대에 맞게 재구성하고, 불공정을 해결할 강력한 기회를 제공합니다. 따라서 지역별 특수성을 반영한 온실가스 감축 정책뿐 아니라 농민들에 대한 정당한 대우도 모색해야 합니다. 농민에 대한 정당한 대우는 적절한 농산물 가격이 형성될 수 있는 환경을 조성하는 것입니다. 한편으로는, 농외소득을 통한 안전망 마련에도 정책적 관심과 노력을 기울여야 합니다. 그래야 농민들이 삶을 지키면서도 환경을 보전하고, 지속 가능한 농업·농촌 발전의 버팀목이자 경관의 관리자로서 공익적 역할과 책임을 다할 수 있을 것입니다.

다양한 이해관계자가 참여하는 전환 정책

농업의 정의로운 전환 과정에서 농업과 관련된 모든 사람과 식품 시스템 전체의 이해관계가 반영되어야 합니다. 특히 목소리 낼 기회를 갖지 못하는 사람들에게 초기 단계부터 참여할 수 있는 기회를 갖도록 부여해야 합니다. 예컨대 여성 농민들, 이미 식량 불안에 시달리고 있는 사람들이 그 예입니다. 직접 이해당사자가 참여하는 포용적인 프로세스를 통해 긍정적인 대안을 만들고 전환에 필요한 지원, 기술 및 안전망을 지원해야 합니다.

독일은 다양한 이해관계자의 참여가 가능하도록 정책 결정 과정을 열어 놓음으로써 지속 가능한 농업 정책에 대한 범국민적 지지를 이끌었습니다. 독일 또한 제2차 세계대전 이후 오랫동안 생산량 증대 원칙하에 농민 단체 중심의 폐쇄적인 정책 결정 구조를 유지했습니다. 그러나 2000년 광우병 파동을 계기로 유기농 확대, 동물복지, 식품 안전 강화, 소비자 보호 정책 등을 내용으로 하는 농업 전환을 꾀하게 되었고, 농업의 경제적·생태적·사회적 측면의 기여를 인정하고 강화하는 다기능적 농업 정책을 시행하였습니다.

독일농민총연맹을 비롯해 축산, 유기농, 소농, 청년농 등 여러 농업 부문을 대표하는 단체와 농식품산업협회, 소비자단체, 환경 및 동물 단체, 학계 등 다양한 이해관계자로 구성된 '농업미래위원회'는 2019년 1년에 가까운 논의 끝에 독일 농업의 현실에 대해 상호 이해의 틀을 맞추고 독일 농업 전체를 지속 가능한 농업으로 전환하자는 데 만장일치의 합의에 이르렀습니다. 이와 같은 과정이 변화를 가져왔습니다. 수치로만 따졌을 때, 유기농업은 목표한 만큼 크게 확장하지 못해 2022년에도 독일 농업에서 관행농[4]이 90퍼센트를 차지했습니다. 그러나 대농 위주의 농업 정책이 소비자 및 식품 안전 정책으로 확장되었으며, 유권자의 42퍼센트가 농업 정책을 투표의 중요한 기준으로 생각할 만큼 대중의 관심이 높아졌습니다. 정책 결정 과정 또한 개방적인 방식으로 바뀌었습니다.

4 관행농업이란 유기농업에 대비되는 농법으로, 일반적으로 농약과 화학비료 그리고 농기계에 의존하는 농법을 의미한다.

독일의 사례가 교훈이 되는 측면은 문제 해결에 도움이 되지 않는 편 가르기나 거부감을 부를 수 있는 금지 정책을 피하고자 했다는 것입니다. 축산업자나 관행농 농업인에게 부정적 이미지를 덧씌우는 것을 적극적으로 거부하였고, 농업 전환이 창출하는 사회적 부담을 공평하게 분담하였으며, 편익을 공정하게 나누어 농장의 위기를 해결하는 데만 집중했습니다.

농업은 식량 생산의 증대를 불러왔고, 우리의 문명은 그 위에서 꽃피었습니다. 식량을 생산하는 일 또한 기후위기로 인해 위기에 놓이게 되었으며, 우리는 늘어나는 인류를 위해 더 많은 식량을 생산해야 합니다. 그러나 이를 생산하는 사람들과 그들의 삶의 터전은 쇠락하고 있어, 우리는 농민들과 농촌에 활력을 불어넣는 일부터 시작해야 합니다. 농민들과 농촌에 활력이 있을 때 식량 생산 과정에서 온실가스 배출을 줄이고, 식품 소비 전 과정에서 탄소를 감축하는 고민을 건강한 방식으로 해 나갈 수 있습니다. 그리고 온실가스 배출의 감축이 농촌과 농민의 활성화에 기여하도록 길을 모색해야 합니다. 따라서 식량 안보와 온실가스 감축을 이야기할 때에도 공정성과 불평등 해소를 같이 고민해야 합니다. 식품 시스템과 관련한 기후대응 과정이 기존의 불공정함 또한 바로잡는 정의로운 전환의 과정이 될 수 있도록 공론화와 열린 토론을 이어 나가야 할 것입니다.

7장

기후를 위한 산업 전환

김병권

미래 산업 지도를 바꿀 디지털 전환과 생태 전환

중장기적으로 산업 지도를 바꾸는 가장 중요한 요인을 꼽자면 당연히 디지털 전환과 생태 전환이 포함될 것입니다. 생태 전환은 생산과 소비 패턴의 근본적인 변화를 통해 지구 생태계의 한계 안에서 안전하게 살 수 있도록 하는 새로운 산업과 경제, 나아가 기존 화석연료 기반 문명과는 다른 문명을 만드는 것입니다. 디지털 전환은 기업의 전략, 조직, 프로세스, 문화, 커뮤니케이션, 시스템, 가치 사슬, 비즈니스 모델을 디지털과 인공지능 기반으로 변화시킴은 물론이고, 경제의 주력 부문을 디지털 경제와 플랫폼 경제로 재편하는 것을 말합니다.

디지털 전환은 이미 1980년대 이후부터 시장 주도로 확산하기 시작했고, 최근에는 디지털 플랫폼 경제가 크게 부상하고 있으며 생성형 인공지능이 등장하면서 다시 한번 디지털 전환의 도약을 기대하는 분위기입니다. 반면 생태 전환은 기후위기와 생태 위기에 대한 시민의 압력 아래 정부의 기후법이나 재생에너지법 등 제도의 도입이나 독일재건은행과 같은 공공 금융의 투자를 통해 2000년대부터 서서히 추진되어 왔습니다. 하지만 최근 두 전환이 결합해 '쌍둥이 전환twin transition'이라는 방식으로 추진되는 양상을 보임에 따라 두 전환 사이의 긴장 지점은 무엇이고, 각각의 전환 속도는 어떻게 조절해야 하는지 정책적 과제를 던지고 있습니다. 더욱이 두 전환이 '상호 강화mutually reinforce each other'할 여지가 있는지, 아니면 서로 충돌할 위험은 없는지 고민을 던져 주고 있습니다. 두 전환은 각각 위험과 기회를 동반하면서, 그리고 서로 경합하면서 향후 산업 지도를 바꿀 가장 큰 이슈가 될 것입니다.

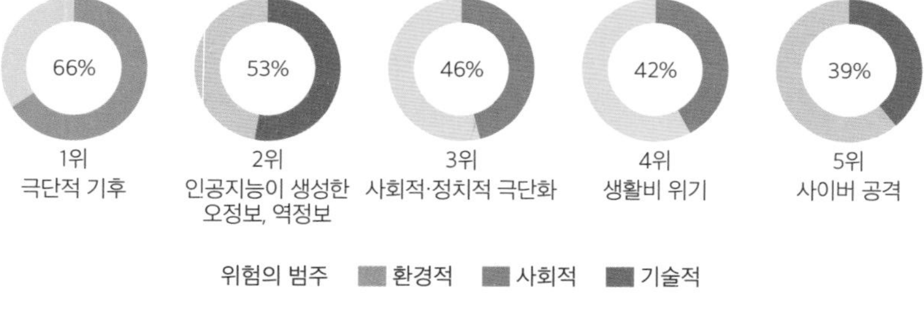

인류가 직면한 전 지구적 위험들에 관한 설문 조사 결과
자료 : 세계경제포럼

사실 두 전환 모두 미래 산업에 기회 요인과 위험 요인을 다 가지고 있습니다. 위험 요인은 특히 생태 전환에서 중요합니다. 2024년 1월에 열린 다보스포럼에서는 현재 인류가 직면한 가장 큰 위험을 묻는 조사의 결과를 '글로벌 위험 보고서'로 발표했습니다. 그 결과 가장 큰 위험은 극단적인 날씨 변동 등 기후위기였고, 두 번째는 인공지능이 생성한 허위 정보나 잘못된 정보의 유통 즉, 디지털 전환으로 인한 위험이었습니다. 그런데 여기서 유의해야 할 대목이 있습니다. 디지털 전환은 시장에서 기업 주도로 추진되다 보니, 위험보다 기회가 더 많이 언급되고 더 빨리, 더 전면적으로 추진되어야 하는 과제로 인식됩니다. 반면 생태 전환은 기업이 아니라 국가의 정책으로 추진되다 보니, 위험도 아직 충분히 알려지지 않고 기회의 측면도 불투명해서 추진 속도가 매우 더딘 편입니다.

이처럼 두 전환 사이에는 일종의 불균형이 존재하는데, 특히 한국은 이런 경향이 좀 더 심한 것으로 보입니다. 재미있는 점은 디지털 전환과 생태 전환 모두 우리가 예측할 수 있는 가까운 시일에 급변점을 예고하고 있다는 사실입니다. 디지털 전환은 조만간에 이른바 '특이점singullarity'이 도래하게 될 전망인데, 그때는 인공지능이 인간의 지능을 뛰어넘어 초지능superintelligence 시대가 열리고, 우리 삶과 일자리가 완전히 변화한다는 화려한 전망이 쏟아지고 있습니다. 물론 특이점 도래의 유의미한 증거는 없습니다. 특이점이 온다고 해도 유토피아적 전망만 있는 것이 아니라 디스토피아적 우려도 많습니다. 한마디로 디지털 전환은 아직 시야에 들어오지도 않았는데 성급한 전망만 넘쳐 나는 양상입니다. 오죽하면 지난 2023년 6월 《뉴욕타임스》는 "실리콘밸리에서 쏟아져 나오는 화려한 주장과 거친 주장에 귀를 기울이다 보면, 오랫동안 약속된 가상의 낙원이 마침내 눈앞에 다가온 것 같다"고 비꼬았습니다.

한편, 생태 전환의 급변점은 예상보다 더 빨리, 더 확연히 시야에 들어오고 있습니다. 스톡홀름회복력센터Stockholm Resilience Centre에서 최근 발표한 보고에 따르면, 현재 화석연료 남용과 경제 팽창으로 인해 지구 생태계의 균형이 무너지는 경계선 아홉 가지 중 여섯 가지 영역에서 이전으로 되돌아가기 어려운 티핑포인트를 넘었다고 분석했습니다. 생태 전환에서 급변점은 애매한 미래의 전망이 아니라 이미 현실로 다가오고 있는 것입니다. 이렇게 보면 우리는 당장 디지털 전환보다 생태 전환에 더 마음을 쓰고, 재정과 노력을 투입해야 하는데도 현재 산업과 정책 분야의 동향은 정반대라는 아이러니가 있는 셈이죠.

디지털 전환과 생태 전환의 세 가지 추진 모델

그러면 어떻게 두 가지 전환을 균형감 있게 서로 긍정적인 면을 강화하면서 추진할 수 있을까요? 그리고 이 문제가 왜 중요할까요? 지난 2022년 유럽연합은 '녹색과 디지털 미래를 향하여Towards a green&digital future'라는 보고서를 발표하면서 두 전환을 쌍둥이 전환이라고 부르고, 유럽연합의 미래를 결정할 두 가지 주요 트렌드라고 하면서 두 전환의 결합을 중요하게 제기했습니다.

"두 가지 모두 정치적 의제의 최상위에 있으므로 이 두 가지 트렌드가 어떻게 상호 작용 할지, 그리고 가능한 긴장 지점이 무엇인지 고려하는 것이 필수적이다. '쌍둥이 전환'이라는 용어는 녹색 전환과 디지털 전환이라는 두 가지 전환 트렌드가 동시에 진행되는 것을 의미할 뿐만 아니라, 이 두 가지 전환을 통합하여 필요한 변화를 가속화하고 사회를 필요한 수준의 전환에 더 가깝게 만들 수 있다는 의미도 담고 있다."

전 지구적 관점에서 보면 두 전환을 추진하는 세 가지 방법이 있을 수 있습니다. 첫째로, 시장이 전환을 주도하게 하고 정부는 이를 보조하는 데 그치는 방식인데 미국의 경우가 전형적입니다. 두 번째로는, 시장경제 환경이지만 국가가 전환을 주도하는 모델로 중국이 대표적입니다. 그리고 세 번째로 시장의 행위자가 적극적인 역할을 하지만, 두 전환에 필요한 속도를 조절하고 부정적인 측면을 최소화하기 위해 정부가 강력한 규칙과 제도를 마련하는 유럽의 방식입니다. 핀란드 출신 법학자 아누 브래드포드 Anu Bradford는 이런 방식을 '시민의 권리 중심 모델'이라고 불렀는데, 중국의 '국가 중심 모델'이나 미국의 '시장 중심 모델'과 비교될 수 있다고 평가했습니다.

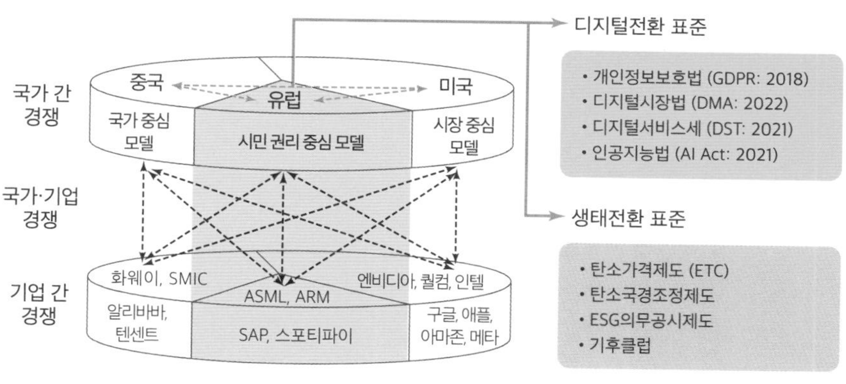

디지털 전환과 생태 전환을 추진하는 세 가지 방식

자료: 아누 브래드포드

물론 브래드포드는 주로 디지털 전환에 대해 다루지만 이는 생태 전환에도 그대로 적용될 수 있습니다. 전 지구적 차원에서 보면, 두 전환은 글로벌 기업 간의 경쟁, 글로벌 국가 간의 경쟁, 그리고 기업에 대한 국가의 규제 또는 지원이 얽혀서 복잡하고 역동적으로 진행됩니다. 브래드포드는 두 전환에서 기업 간의 치열한 경쟁과 국가 간의 치열한 경쟁이 일어나는 양상을 '횡적 전투'라고 불렀습니다. 디지털 전환을 둘러싼 미-중 간 경쟁이 국가 간 횡적 전투의 대표적 사례이고, 생태 전환에서 앞서가는 유럽이 탄소국경조정제도 등을 통해 관세장벽을 쌓는 것도 또 다른 사례로 볼 수 있습니다. 기업 간 협력과 경쟁이라는 또 하나의 '횡적 전투'는 과거나 지금이나 치열합니다.

한편 브래드포드는 각 국가가 전환을 제대로 추동하기 위해 기업들을 압박하는 양상을 '종적 전투'라고 불렀는데, 이는 각 국가가 국내의, 또는 해외의 디지털 기업들과 벌이는 전투를 말합니다. 예를 들어 디지털 전환에서 각국 정부들은 과도하게 팽창한 디지털 독점기업들을 규제하기 위해 다양한 처방을 내놓고 있는데, 미국은 규제를 덜 하면서 혁신을 촉진하는 방향으로, 중국은 더 빠른 디지털 경제 발전을 촉진하면서도 그들을 국가 통제 아래 두려는 방향으로, 그리고 유럽은 사기업에 대항하여 개인과 시민들의 권리를 존중(민주적 가치 보호, 더 공정하고 인간 중심적인 사회 추구)하는 방향으로 규제한다는 것입니다. 사실 현실에서는 횡적-종적 전투의 교차가 일어나면서, 때로는 국가 간 연합으로 기업들을 규제하거나, 역으로 국가와 기업이 연합하여 경쟁 국가에 대응하는 양상이 나타나기도 합니다.

한국에는 주로 미국 스타일의 시장 중심 모델과 중국의 국가 중심 모델이 알려져 있지만, 그보다 유럽 모델에 좀 더 관심을 기울일 만한 가치가 있습니다. 유럽은 비록 강력한 제조업이나 강력한 디지털 기업들을 가지고 있지는 않지만, 디지털 분야와 특히 녹색 부문의 전환을 순조롭고 정의롭게 진행하기 위해서 지켜야 할 글로벌 표준과 규칙들을 선도하는 데서 독보적인 역할을 하고 있기 때문입니다. 유럽이 '그린 텍소노미green texonomy', ESG의무공시 같은 녹색 분야의 표준을 선도하는 것은 이미 잘 알려져 있고, 최근 플랫폼 독점을 규제하고 인공지능의 위험성을 관리하는 가이드라인을 제시하면서 세계의 규범을 만들어 내고 있습니다. 한국은 유럽이 강제하는 탄소국경조정이나 ESG의무공시제도에 대해 단지 수출 장벽이라고 부담스럽게 바라볼 것이 아니라, 적극적으로 규범을 만들고 정의로운 전환을 할 제도를 만드는 데 공동으로 앞장서야 할 필요가 있습니다.

제조업의 탈탄소화는 가장 어려운 도전 과제

지금까지 글로벌 산업 전환의 두 가지 큰 물결은 디지털 전환과 생태 전환이라고 했고, 전 지구적 차원에서 두 전환이 어떻게 추진되고 있는지 간략히 살펴봤습니다. 이제 생태 전환으로 초점을 옮겨 보겠습니다. 생태 전환은 탈탄소산업 전환을 포함하여 기존 성장 의존형 경제를 전환하는 과제, 그리고 물질 소비 중심의 사회복지를 전환하는 과제, 지구 생태계 안에서 인류의 삶을 재구성해 보는 생태 문명의 전환까지를 모두 포함할 수 있지만, 여기서는 범위를 탈탄소 산업 전환에 국한하겠습니다. 2024년 시점에서 탈탄소 산업 전환은 다음의 다섯 가지 이슈에 주목할 필요가 있습니다.

첫 번째는 에너지 전환입니다. 윤석열 정부의 에너지 정책은 마치 태양광을 중심으로 한 재생에너지냐, 아니면 핵발전이냐를 두고 두 가지 옵션 중 하나를 선택해야 하는 것처럼 방향이 잡히고 있습니다. 앞선 정부와 달리 윤석열 정부는 핵발전에 집중했고 그 결과 핵발전과 관련된 예산은 급속하게 늘어났던 반면, 태양광은 사실상 배제되는 상황을 맞고 있습니다.

그런데 사실 2022년을 기준으로 국제에너지기구(IEA)가 전망한 1.5도 시나리오에 따르면, 2030년에 재생에너지가 핵발전보다 발전량을 기준으로 5배, 투자 기준으로 10배에 가까워야 한다고 요구합니다. 에너지 관련 국제기구들 가운데 IEA는 상대적으로 핵발전에 우호적인 조직임에도, 재생에너지에 압도적으로 많이 투자해야 한다고 주장하고 있음을 주목해야 합니다. 그런데 한국은 IEA의 주장과 대비되는 태양광 배제 정책을 2년 내내 실시하고 있습니다. 계속 이러한 흐름을 이어 간다면, 한국은 재생에너지 산업 및 발전 부문에서 모두 큰 난국에 봉착하리라고 예상합니다. 하루빨리 태양광과 풍력 등 재생에너지의 대규모 확대를 위한 정책 전환을 서둘러야 합니다.

두 번째로 탈탄소 산업 전환이 한국 제조업에 줄 영향을 고려해야 할 때입니다. 사실 지난 20여 년 동안 한국이 중진국에서 선진국이 되는 데 큰 역할을 했던 대외적인 요인은 글로벌화지만, 대내적인 요인은 글로벌 추이에 비춰 압도적으로 높은 한국의 제조업 비중이라고 생각합니다. 한국의 제조업 비중은 27.9퍼센트로 전 세계에서 가장 높습니다. 심지어 중국, 독일, 일본보다 훨씬 더 높은데, 이는 지금까지는 한국 경제의 강점으로 작용해 왔습니다. 하지만 유감스럽게도 우리나라의 제조업은 반도체, 전자, 철강, 자동차, 석유화학 등 대단히 탄소 집약적인 산업이어서, 이후 생태적인 산업 전환에서 굉장히 어려운 국면으로 진입하리라 예상합니다. 미리 생태적 전망을 가지고 제조업의 산업 전환을 서둘러야 하는데, 지금까지는 전환을 오히려 회피하려는 경향이 있었습니다. 이런 경향이 한국 경제의 미래에 어두운 전망을 불러올까 걱정됩니다. 탄소 집약적 한국의 제조업을 어떻게 탈탄소 산업으로 성공적으로 전환할 수 있을지가 한국 경제의 미래를 좌우하는 중대 변수가 될 것입니다.

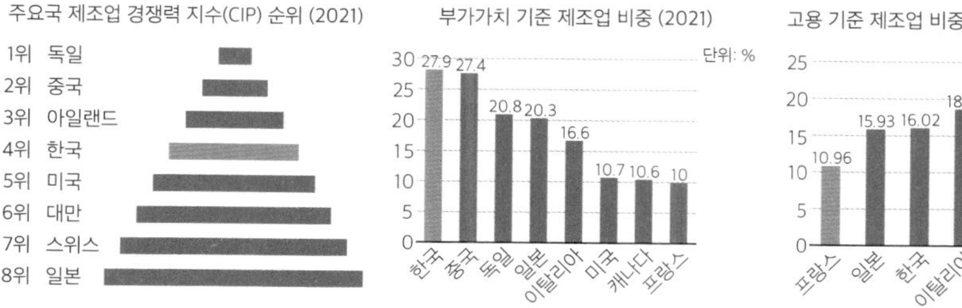

전 지구적 차원에서 매우 높은 한국의 제조업 비중
자료: 산업연구원

한국판 IRA를 서둘러 입법해야 한다

셋째로 생태적인 산업 전환과 관련하여 최근 전 지구적 추세에서 가장 주목해야 할 지점은, 전 세계가 자국 안에 녹색 산업을 구축하기 위해 이른바 '녹색산업 정책 경쟁'이 치열하다는 것입니다. 미국의 인플레이션 감축법(IRA)을 포함해서 유럽의 넷제로산업법 등 유사한 정책들이 유럽, 영국, 일본, 인도 등에서 속속 도입되고 있습니다. 중국은 오래전부터 '중국제조2025'를 포함해서 강력한 산업 정책을 추진한 것으로 유명합니다.

그런데 한국은 녹색산업 정책을 도입하여 국내에 녹색산업을 구축하려는 노력보다는, 다른 나라의 녹색산업 정책에 얹혀 가려 합니다. 예를 들어 미국이 IRA를 도입하여 미국 내 녹색산업을 키우려 하면 당연히 한국판 IRA 관련 제도를 어떻게 만들어야 하는지 고민해야 하지만, 지금은 그저 미국 IRA 규제에 걸려 피해를 보지 않으려 하거나 미국의 세제 지원을 얼마나 많이 받느냐를 가지고 로비를 하는 데 집중하고 있습니다. 그러다 보니 배터리 산업에서 미국판 IRA 혜택을 받기 위해 자국 대신 미국에 공장을 지으려는 투자 규모가 가장 큰 나라가 한국입니다. 다시 말하면, 한국은 국내 녹색산업이 공동화될 위험, 일자리가 없어질 위험은 고려하지 않고 해외에서 받을 혜택에만 집중하는 셈입니다. 지금 한국도 녹색산업 정책이 필요한 시점입니다.

투자 기업 본사 국적	건수	건수 비중	투자액	투자액 비중
미국	45	46.8	44,045	35.9
한국	12	12.8	14,449	11.8
일본	7	7.5	8,027	6.5
캐나다	5	5.3	956	0.8
한국-미국 합작	5	5.3	19,500	15.9
중국	4	4.2	6,126	5.0
독일	3	3.2	4,040	3.3
호주	2	2.1	1,101	0.9
한국-한국 합작	2	2.1	10,500	8.6
네덜란드	1	1.1	155	0.1
한국-네덜란드 합작	1	1.1	2,500	2.0
노르웨이	1	1.1	미정	미정
미국-노르웨이 합작	1	1.1	2,600	2.1
미국-호주 합작	1	1.1	375	0.3
베트남	1	1.1	4,000	3.3
벨기에-멕시코 합작	1	1.1	672	0.5
이스라엘	1	1.1	232	0.2
한국-일본 합작	1	1.1	3,500	2.9
총	94	100.0	122,778	100.0

바이든 정부 출범 이후 배터리 분야 미국 내 투자 현황 (단위: %, 백만 달러)

자료: 대외경제정책연구원

네 번째 민감한 산업 전환 이슈는 바로 수소 정책입니다. 한국이 탄소중립을 위해 산업적으로 초점을 두는 정책 중에서 가장 특이한 정책이 수소 정책입니다. 중앙정부뿐 아니라 지방정부도 경쟁적으로 지역에 수소 경제를 도입하려 합니다. 하지만 천연가스를 재료로 해서 만든 회색수소로는 탄소중립을 달성할 수 없습니다. 재생에너지로 만든 전력을 전기분해해서 수전해로 얻은 그린수소[1]만이 온실가스를 줄이고 탄소중립으로 나가는데 필요한 수소입니다. 당연하게도 그린수소를 생산하려면 먼저 풍력과 태양광으로 전력을 생산해야 하고, 그것으로 물을 전기분해해서 비용 대비 효율적으로 수소를 생산할 기술과 설비가 갖춰져야 합니다. 그런 다음에야 그 수소를 수소연료전지에 사용하든지 아니면 철강 생산에 환원제로 사용하든지 질소비료의 원료로 쓸 수 있습니다.

이렇게 수소는 다단계 공정을 통해 생산되고 활용되므로 에너지 효율이 떨어집니다. 그래서 '수소가 아니면 다른 대안이 없는 경우' 말고는 수소를 이용하지 않습니다. 단적으로 전기를 그대로 배터리에 저장했다가 자동차에 이용하는 배터리전기차가 전기를 전기분해해서 수소로 만들고, 그 수소를 다시 연료전지에 넣어서 전기를 만드는 수소차보다 훨씬 효율이 좋습니다. 배터리전기차가 대세가 되어 버린 이유이기도 합니다. 그런데 수소전지차의 비중을 매우 높게 설정하거나 수소 혼소(혼합 연소) 발전소나 암모니아 혼소발전소를 포함해서 굳이 수소를 사용하겠다는 정책이 무모할 정도로 많습니다. 아마도 몇 년 후 산업 정책 중에 가장 딜레마에 빠질 확률이 높은 것이 바로 수소 정책이 아닐까 싶습니다. 한국의 수소 경제에 스며든 거품을 걷어 내고 녹색산업에 꼭 필요한 영역으로 한정해 수소 정책을 재검토해야 합니다.

1 온실가스가 발생하지 않는 방법으로 수소를 얻으려면 첫째로 수소를 얻기 위해 투입되는 전력을 태양광이나 풍력 등의 재생에너지로 공급해야 한다. 둘째로 물을 전기분해하는 방식(수전해라고 함)으로 수소를 발생시켜 얻는 과정에서 온실가스를 발생시키지 않아야 한다. 이런 방법으로 얻은 '그린수소'라고 한다.

마지막 다섯째 이슈는 최근 생성형 인공지능이 급부상하면서 인공지능이 생태적인 악영향을 주지 않도록 조율하는 문제입니다. 한국 사회는 디지털 전환을 자연스럽게 생태 친화적인 것처럼 간주하는 경향이 있습니다. '스마트'하면 '친환경적이다'라는 오해가 있다는 말입니다. 예컨대 스마트팜은 당연히 친환경 농업이라고 간주한다는 것이죠. 하지만 스마트팜은 친환경적일 수도 있지만, 과도하게 에너지 집약적이어서 오히려 탄소를 많이 배출하는 방식이 될 수도 있습니다.

다시 말해서 인공지능이나 디지털 확대가 반드시 환경 친화로 이어지지 않는다는 것입니다. 예를 들어 인공지능 활용이 폭증함에 따라 데이터 센터 역시 폭발적으로 증가하게 되는데, 이것은 곧 에너지 사용이 크게 증가한다는 것을 의미합니다. 한국은 특히 디지털 전환에 대한 산업계와 정부의 의지가 강하기 때문에, 디지털 전환이 에너지 사용량 폭증으로 귀결되지 않고 환경적으로 친화적인 구조와 어떻게 맞물리게 만들 것인가 하는 과제는 향후 산업 전환에서 가장 난제가 될 것입니다. 디지털 전환과 생태 전환이 서로 긴장과 악순환에 빠지지 않고 선순환 관계로 들어갈 수 있도록 방향을 잡아야 합니다.

경제성장과 산업 전환의 과제

이상으로 2024년 현재 시점에서 생태적 방향으로 한국의 산업 전환이 이뤄지기 위해 해결해야 할 다섯 가지 도전 과제를 살펴봤습니다. 재생에너지 확대를 주축으로 한 에너지 전환의 방향을 다시 잡아야 합니다. 기존의 탄소 집약적 한국의 제조업을 생태 친화적으로 전환하는 과제는 한국 산업의 가장 큰 도전 과제가 될 것이므로 지금부터 산업의 녹색화 계획을 세워 강력히 추진해야 합니다.

지금 세계가 자국의 녹색산업 기반 구축을 위해 치열한 정책 경쟁을 벌이고 있는데, 한국은 자국의 녹색산업을 방치한 채 외국의 산업 정책에 얹어 가려는 경향을 보입니다. 단시간에 우리의 녹색산업을 챙겨야 할 때입니다. 한국의 녹색산업 정책 가운데 가장 거품이 많은 수소 정책에서 불합리한 부분을 덜어 내고 제자리를 찾아야 합니다. 그리고 인공지능이 전 산업으로 확장되고 있는 시대에 그로 인한 대규모 에너지 수요가 초래할 수 있는 생태적 부담을 적절히 통제할 정책을 고민할 시점입니다.

여기서 의문이 생길 수도 있습니다. 녹색에너지나 탄소중립, 탄소제로로 가는 길은 반드시 성장을 포기하는 길이어야 할까요? 녹색 분야를 동력으로 삼아서 활력을 되찾는 방법, 예컨대 경제나 산업 분야로 본다면 우리가 중국처럼 녹색 관련 산업으로 수출을 늘리고 노동자들의 기존 일자리를 녹색 일자리로 대체해 나가는 전환 과정에서 일시적으로 경제가 성장할 수도 있을 것입니다.

다만 기후위기를 막기 위한 산업 전환이 경제성장과 동반해서도 얼마든지 가능한 것 아니냐는 질문에 대해 현실의 역사적 경험을 확인할 필요가 있습니다. 현재 우리가 지구온난화 1.5도 이하로 기후위기를 막으려고 한다면 온실가스 배출을 매년 7~8퍼센트씩 줄여야 합니다. 그렇게 줄이려면 현실적으로 경제 규모 성장을 지속하기는 어렵습니다. 플러스로 성장을 하면서 온실가스를 7~8퍼센트 줄인 경험이 대한민국에서 단 한 번도 없기 때문입니다.

외환위기 때 경제성장률이 마이너스 5퍼센트까지 떨어진 적이 있습니다. 그때 역사상 처음으로 온실가스가 14퍼센트 줄어들었습니다. 그리고 2020년 코로나 때 우리 경제가 적자로 전환하자 다시 온실가스가 4~5퍼센트 정도 줄었습니다. 그 외에 경제가 플러스 성장을 하면서 기술혁신으로 온실가스를 줄인 경험은 적어도 대한민국에서는 없습니다. 물론 유럽 여러 나라는 플러스 성장을 하면서 온실가스를 연평균 1~2퍼센트씩 감축한 사례가 꽤 있지만, 유럽은 경제성장률 자체도 워낙 낮았습니다.

그렇다고 경제 규모를 무조건 축소하는 것이 해결책은 아닙니다. 현재 산업에서 일방적으로 규모를 축소하는 것이 아니라, 탄소 집약적 산업에서 탄소 집약적이지 않은 산업, 흔히 탈탄소 산업이라고 부르는데, 그러한 방향성으로 전환해야 합니다. 모든 산업의 근간이 되는 게 에너지 아닙니까? 지금 30퍼센트 이상 석탄으로 생산하는 전력을 태양광과 풍력 중심의 재생에너지로 전환하게 되면, 우리가 과거와 비슷한 규모의 전기를 쓴다고 해도 온실가스를 대폭 줄일 수 있습니다. 그리고 다른 산업 영역의 예로 대한민국에서 포스코 같은 기업 하나가 한 해에 온실가스를 7,000만 톤 이상 배출하는데, 이는 한국 전체 배출량의 10퍼센트가 넘는 수치입니다. 그런데 철강 없이는 우리 현대 문명을 유지할 수조차 없으므로, 그린철강을 제조할 수 있는 방향으로 철강 산업의 전환을 서둘러야 합니다.

산업 전환과 지역 경제의 생존

마지막으로 한 가지만 덧붙이겠습니다. 탈탄소 녹색 전환이 지역의 경제에는 어떤 영향을 줄지에 관한 것입니다. 석탄화력발전소 폐쇄나, 전통적인 중공업 같은 탄소 집약적 산업의 쇠퇴, 또는 전기차 중심의 자동차 산업 재편으로 인한 협력업체 위기 등이 알려 주는 것처럼, 흔히 탈탄소 산업 전환은 지역 경제에 부정적인 영향을 주는 것으로 인식되었습니다. 적절한 정책적 대응이 없다면 실제로도 그렇게 될 가능성이 높습니다. 가뜩이나 초저출산과 연계되어 지역 경제가 급격히 축소되는 상황에서 탈탄소 산업 전환이 이를 더욱 가속화할 우려도 있습니다.

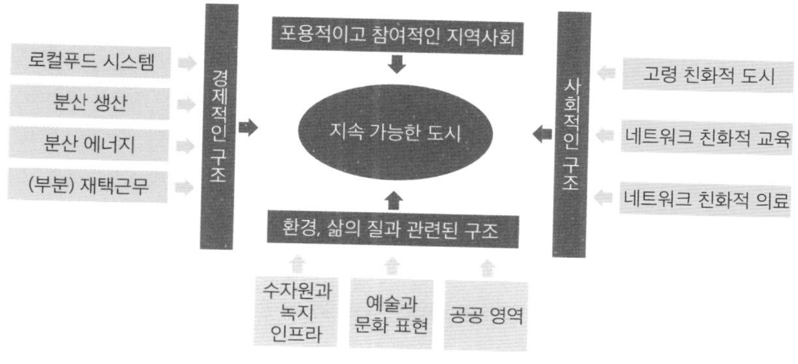

산업 전환과 지역 축소에 대응한 지속 가능한 도시 비전
자료 : 앨런 말라흐

그러다 보니 실속이 없는데도 중앙정부 지원에 의지해서 수소 경제를 구축하겠다거나, 대기업 유치를 통한 지역 경제 활성화를 도모하려는 경향도 큽니다. 하지만 인구 감소와 지역 소멸 위기에 직면하여 제로섬게임의 성격이 있는 국가 산업 단지나 대기업 유치전에 올인하기보다는, 녹색경제를 중심으로 실속 있는 지역 경제 만들기를 추진하는 것을 적극 고려할 필요가 있습니다. 도시계획 전문가 앨런 말라흐Alan Mallach는 『축소되는 세계』에서 발상을 바꾸자고 제안합니다. 그는 지역이 계속 팽창하지 않고 축소되는 현상에 대하여 "장기적인 현실이자 가능성 있는 미래 경로라는 개념을 받아들이자"면서, 동시에 탈탄소화된 지역들의 네트워크 연결이 대안이 될 수 있다고 합니다.

그는 적극적인 지역화를 말하는데, 여기서 지역화란 "지역, 카운티, 도시, 심지어 동네가 글로벌 경제에 과도하게 의존하는 방식에서 벗어나 자체적인 재정 자원, 자연 자원, 인적 자본을 통해 직접 자신들이 소비할 재화, 서비스, 음식, 에너지 등을 생산하는 과정"입니다. 다만 지역화는 고립이 되어서는 안 됩니다. 그에 따르면 "지역화된 경제를 토대로 새롭고 좀 더 밝은 미래를 구축해 나가는 동시에, 기존의 기술과 새로운 기술을 이용해 좀 더 넓은 세계와의 연결 상태를 유지하는 길을 택할 수 있다"는 발상입니다. 이는 특히 탈탄소 산업 전환으로 인한 분산 에너지, 분산 생산, 로컬푸드 시스템 구축과 잘 어울리게 될 것으로 전망합니다. 지역에서 더 어려운 녹색산업 전환, 좀 더 창의적인 발상의 전환이 필요할 때입니다.

3부

2024년 우리는 무엇을 할 것인가?

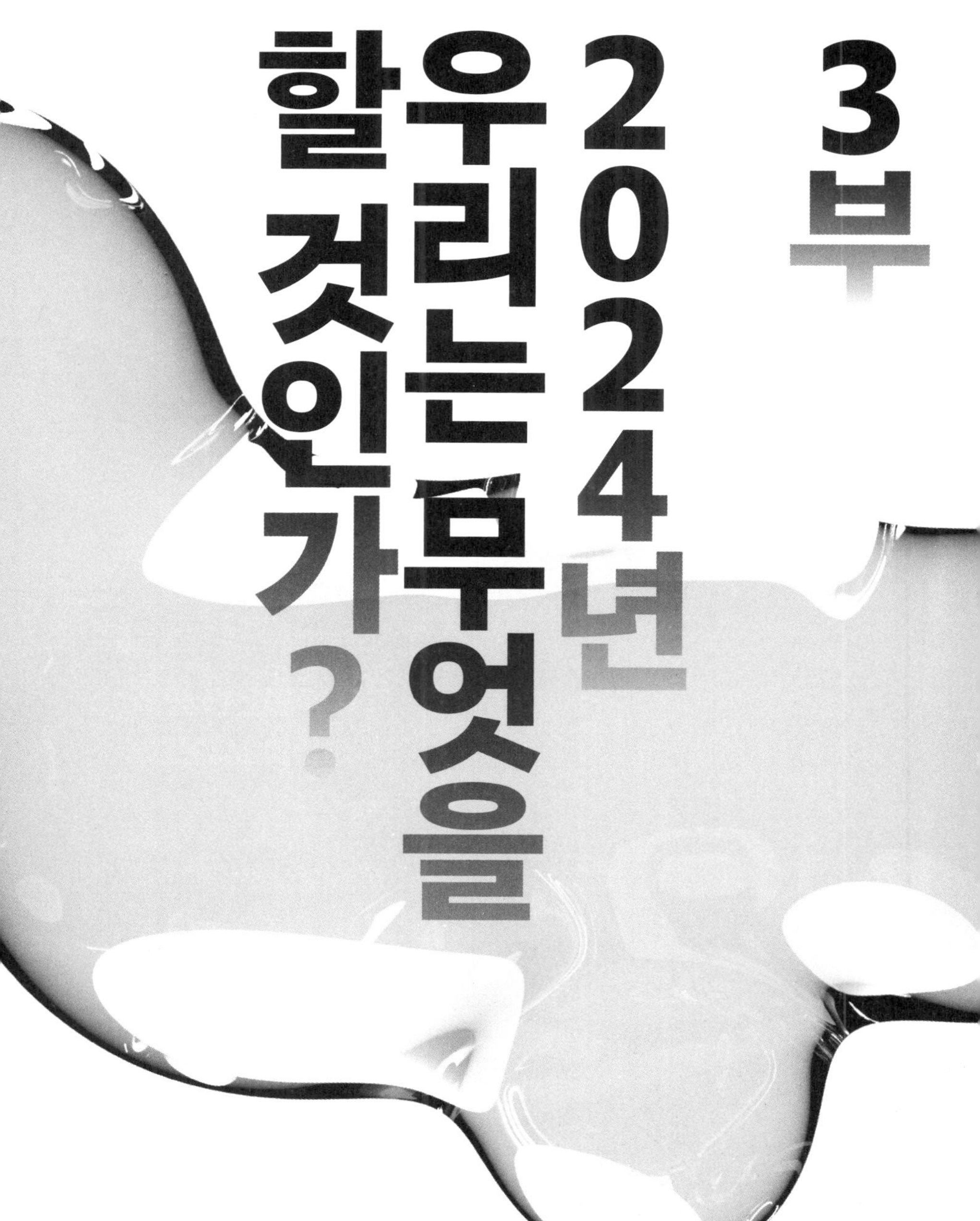

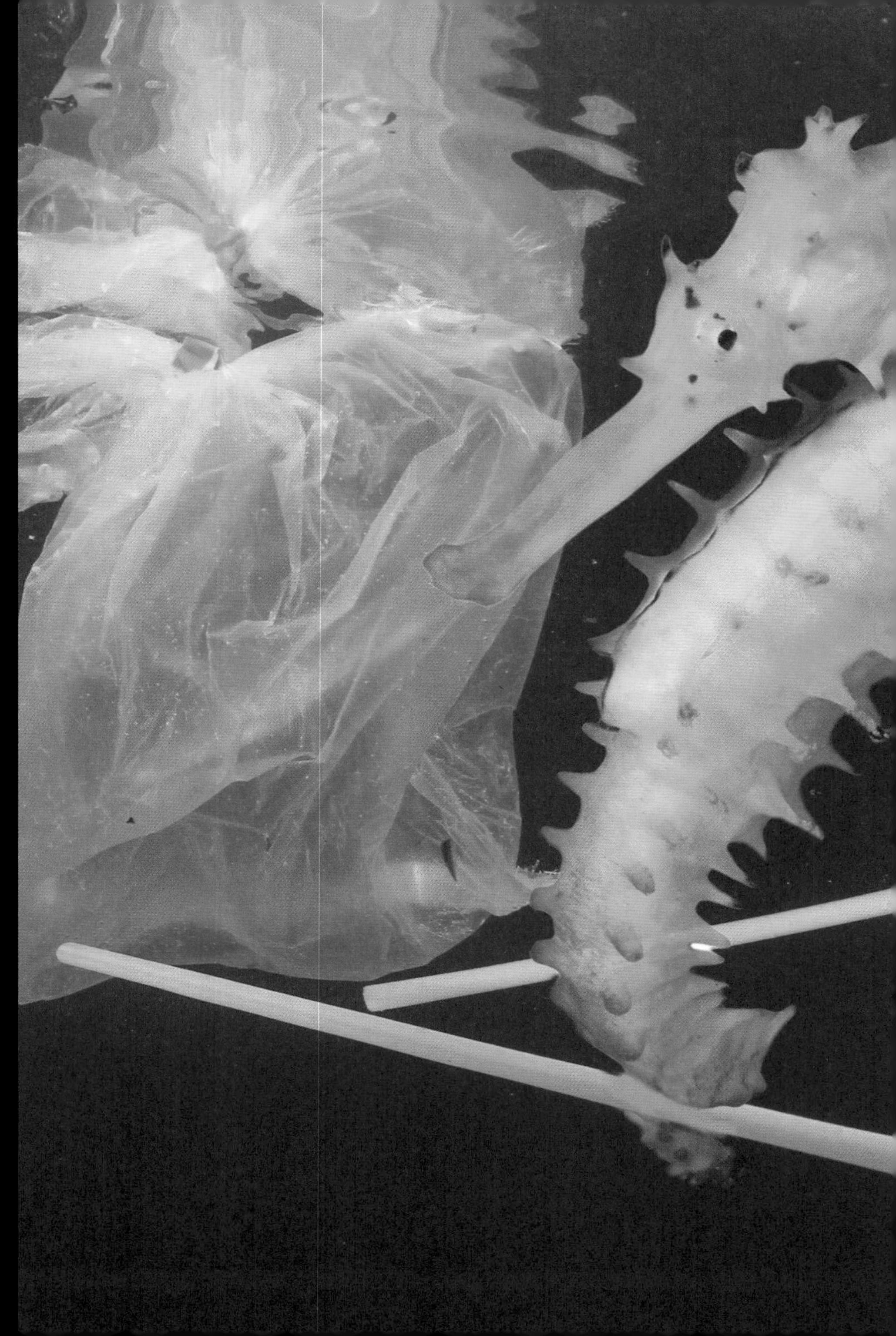

8장

‘전쟁의 시대’ 평화라는 기후 정의의 필요성

우리 곁의 갈등

스웨덴 웁살라대학교의 갈등 데이터 프로그램 자료[1]에 의하면 국가 간 전쟁, 내전, 민족 간 갈등으로 인한 사상자 수는 2021년 21만 명에서 2022년 31만 명으로 증가했습니다. 이러한 사상자의 증가 원인에 대해 러시아의 우크라이나 침공 이후 전쟁의 장기화, 동아프리카 에티오피아에서 벌어지고 있는 정부군과 반군 ‘티그라이 인민해방전선(TPLF)’ 간 내전의 심각성 등을 꼽고 있습니다.

1 웁살라 갈등 데이터 프로그램(Uppsala Conflict Data Program). https://ucdp.uu.se/

러시아 우크라이나 전쟁이 시작될 때만 해도 단기간에 전쟁의 승리를 이끌어 낼 수 있다던 러시아의 자신감에도 불구하고, 2024년 기준 이 전쟁은 3년을 넘겼습니다. 한편 미국과 서방의 지원을 업고 이 전쟁을 치르고 있는 우크라이나 역시 전쟁의 승기를 쥐기는커녕 우크라이나의 동남부 지역의 18퍼센트를 2024년 2월 러시아에 점령당한 상황입니다. 박노자 오슬로대학교 교수에 의하면, 이 전쟁은 제2차 세계대전 이후 처음으로 영토 정복을 추구한 무력 전쟁으로 기록되고 있습니다.[2] 게다가 최근 푸틴이 압도적 지지율로 러시아 대통령으로 재선되면서 제국에 대한 국가적 열망과 함께 전쟁 역시 쉽사리 끝나지 않을 것이라는 전망입니다.

한편, 하마스의 이스라엘 공격 이후 팔레스타인 가자지구에서 벌어지고 있는 폭격과 살상도 있습니다. 2024년 2월 보도된 언론에 의하면, 가자지구에서의 사상자는 3만 명을 이미 넘어섰다고 하며, 이 수치 역시 과소 추계 되었을 것이라 이야기되고 있습니다.[3] 웁살라대학교의 갈등 데이터 프로그램이 2023년과 2024년의 전쟁과 그 사상자 수를 집계한다면 아마도 기록을 갱신할 것 같습니다.

2 박노자. 『전쟁 이후의 세계』, 한겨레출판, 2024.

3 Aya Batrawy. 'Gaza's death toll now exceeds 30,000. Here's why it's an incomplete count', npr, 2024. 2. 29. https://www.npr.org/2024/02/29/1234159514/gaza-death-toll-30000-palestinians-israel-hamas-war

그리고 이곳, 한반도에서도 남과 북의 군사적 긴장이 수년째 이어지고 있습니다. 박근혜 대통령이 집권하던 시절만 해도 '통일은 대박'이라고 했습니다. 남과 북의 협력으로 동아시아를 넘어 세계를 향해 한반도가 한 번 더 도약할 수 있으리라는 청사진이 통일로 펼쳐졌습니다. 그러나 10여 년이 지난 지금, 윤석열 대통령은 '상대의 선의에 기댄 평화는 가짜 평화'이고, '압도적 힘에 의한 평화가 진짜'라고 이야기했습니다. 북한의 김정은 총비서 역시 남한을 '불변의 주적'이라며 적대감을 드러냅니다. 날카로워지는 남한과 북한의 발언과 함께, 북한은 지속적이고 잦은 미사일 도발을 하고, 남한은 미군 등과 이틀에 한 번꼴로 군사 연합 훈련을 하며 한반도의 긴장을 높이고 있습니다. 지정학적 위기가 전 세계적으로 점차 커지는 상황에서 한국 역시 예외가 아닙니다. 지금은 남과 북의 휴전 상황을 새롭게 이해하게 되는 시기입니다. 그야말로 전쟁의 시대라고 불릴만한, 국제적 분쟁과 갈등이 사그라지기는커녕 오히려 보태지는 시기에 우리가 살고 있습니다.

전쟁의 시대, 새로운 무기

우크라이나는 러시아의 침공 이후 미국, 유럽연합을 비롯한 서방의 국가들로부터 군사원조를 받았습니다. 유럽연합과 미국은 우크라이나에 자주포, 보병 전투차량, 대공방어 미사일과 드론 등을 지원해 왔습니다. 러시아 침공 초기, 우크라이나는 드론으로 러시아 탱크를 공격하며 영토 방어를 위한 핵심 무기로 활용했고, 러시아도 이러한 새로운 무기 체계를 적극적으로 반영하였습니다. 2024년 새해, 러시아는 우크라이나에 대규모 드론 공습을 퍼부었고 발전시설을 포함한 국가의 기간 시설을 파괴했습니다. 여기에 러시아는 로봇을 전투에 투입하여 전쟁을 지원하는 데 활용하고 있습니다. 우크라이나는 드론으로 러시아 로봇을 추적하고 인공지능 드론까지 투입했다고 합니다.

2023년 11월, 하마스의 이스라엘 공격으로 시작된 가자지구 폭격은 우리가 알고 있는 것처럼 미사일이나 탱크, 지대공 미사일과 같은 전통적인 무기만으로 이루어지고 있지 않습니다. 우리말로는 '복음gaspel'으로 번역될, 합소라Habsora라 이름 붙여진 인공지능 무기 시스템이 가자지구의 폭격 대상지를 선정한다고 합니다. 이 무기 체제의 작동 방식이 자세하게 공개된 것은 아니지만 정찰 드론, 통신 및 기타 데이터를 통해 취합된 여러 정보를 분석하여 공격할 목표물을 자동으로 생성하는 방식입니다. 무인 공격 시스템은 목표물에 대한 공격을 인간의 판단 없이 자동으로 수행하는 일의 윤리성 대한 논쟁이 커지는 것도 사실이지만, 기계가 스스로 공격하고 사람을 죽이는 새로운 무기가 전쟁의 시대를 거치며 점차 고도화되고 있습니다.

전쟁의 시대, K-방산

이 전쟁의 시대에 한국은 경제적 특수를 누리는 대표적인 국가 중 하나입니다. K-팝도 K-푸드도 아닌 한국의 무기 산업은 새로운 수출 전략으로 논의되고 있습니다. 윤석열 대통령은 앞으로 한국 무기의 세계 점유율을 높여 2027년까지 세계 4위 수준의 무기 수출국이 될 것이라고 밝혔습니다. 방위 산업을 새로운 수출 전략으로, 지역 경제와 국가 경제를 견인할 새로운 산업 먹거리로 이야기합니다. 이것이 마냥 불가능한 이야기만은 아닌 것 같습니다. 2022년 기준 한국은 173억 달러의 방산 수출을 수주하여 역대 최고 무기 수출의 기록을 세웠습니다.[4]

4 심순형. '세계 4대 방산 수출국 도약의 경제적 효과와 과제', 산업연구원, 2023.

특히 기존의 탄소 배출 비중이 높은 철강, 석유화학, 자동차 산업과 같은 수출 전략산업의 경쟁력이 점점 낮아지고 있습니다. 기후위기에 대응하는 시장 규범이 무역 시장을 새롭게 재편하면서 한국의 수출산업이 영향을 받게 되었기 때문입니다. 에너지 전환, 산업 전환이 늦어지며 전통적 제조업에 기반한 지역의 산업 경쟁력이 떨어지고 있습니다. 이러한 상황에서 방위산업은 새로운 수출 전략이자 지역 경제를 이끌 기간 산업으로 인식되기 시작합니다. 방위산업 단지를 특구로 지정하고, 일자리를 만들고, 무기를 생산해서 판매하는 것이 우리 지역과 국가의 경제 전략으로 제시되고 있는 것이죠. 국가 대표 산업의 경쟁력 약화와 시장규범의 변화, 지정학적 긴장감이 높아지는 세계 정세의 연동은 한국 방위산업의 성장을 더욱 중요하게 인식하도록 만들었습니다.

대표적인 자동차나 조선 관련 산업도시였던 창원은 외신에 보도될 정도로 한국의 대표적인 방위산업 단지가 되었으며, 방위사업청이 대전으로 이전하면서, 충남 지역은 방사청을 중심으로 관련 후방 산업 생태계의 성장을 기대합니다. 전라북도도 '미래 먹거리 산업'으로 방위산업의 육성 계획을 제시하였습니다. 전라남도 역시 우주산업과 국방산업을 결합한 산업 특구를 모색하고 있습니다. '무기 산업'이 적어도 한국에서는 지역 경제의 활성화 전략, 침체한 제조업을 대신할 새로운 성장 동력으로 이해되고 있습니다. 무기를 수출해서 경제성장을 하고 더 많은 일자리를 만들 수 있다면 우리는 무기를 상품으로 보게 되고, 군사적 긴장이 늘어날수록 한국은 국내 제조업 상품의 시장이 커지는 효과를 누리게 됩니다.

이렇게 생산된 무기들은 대체 어디로 가고 있을까요? 바로 분쟁이 있는 곳, 전쟁이 있는 곳으로 갑니다. 지난 10여 년간 한국의 이스라엘에 대한 무기 판매가 세 배 늘었습니다.[5] 러시아-우크라이나 전쟁 이후 한국의 방산 특수는 유럽의 국가들이 우크라이나에 무기를 지원하며 빈 무기고를 한국산 무기로 채우면서 발생한 것입니다. 스톡홀름 국제평화연구소(SIPRI)에 따르면 100대 무기 기업 중에 한국 기업은 네 곳 포함되어 있습니다. 전쟁이 늘어나면 이런 기업들의 주가는 분명 올라가게 될 것입니다.

국가 차원에서는 남북 관계의 긴장이 높아질수록 국방 예산의 확대에 명분이 생깁니다. 더 많은 돈을 투자하여 '힘에 의한 평화'를 지키기 위한 안보 체계를 튼튼히 해야 하기 때문입니다. 국방부는 2024년 국방 예산을 수립하며 '경기가 안 좋고 불경기로 인해서 나라 재정을 엄격하게 긴축하고 있지만, 북한의 도발이 심각해서 우리의 안보를 강화하고 이 위협에 대응하기 위해서 더 많은 국방 예산이 필요하다'고 설명합니다. 2023년도 한국의 국방 예산은 57조였고 2024년 59조로 증가하였습니다. 2010년 이후 한국의 국방비는 40퍼센트 정도 증가했습니다. SIPRI가 발표한 자료에 의하면 2022년을 기준으로 한국은 전 세계에서 아홉 번째로 많은 국방 예산을 지출하는 나라입니다. 이렇게 많은 국방 예산이 우리의 평화를 지켜 줄 수 있을까요?

전쟁이 불러오는 기후위기

무기는 군사적 긴장이 있는 곳으로 가고, 이 긴장은 때때로 전투와 전쟁으로 이어집니다. 이 모든 과정이 기후위기를 촉진합니다.

5 이두리 기자. '한국, 대이스라엘 무기 수출액 10년간 3배 증가', 경향신문, 2023. 10. 19. https://khan.co.kr/politics/politics-general/article/202310191109001

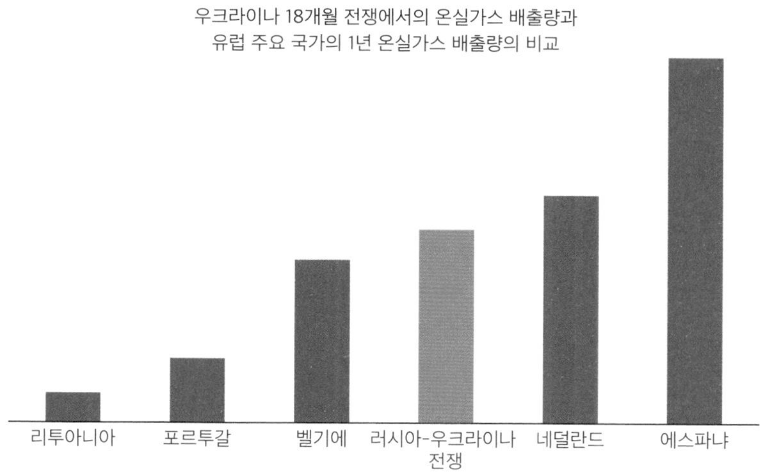

국제적 차원에서 군사 활동의 온실가스 배출량 비교

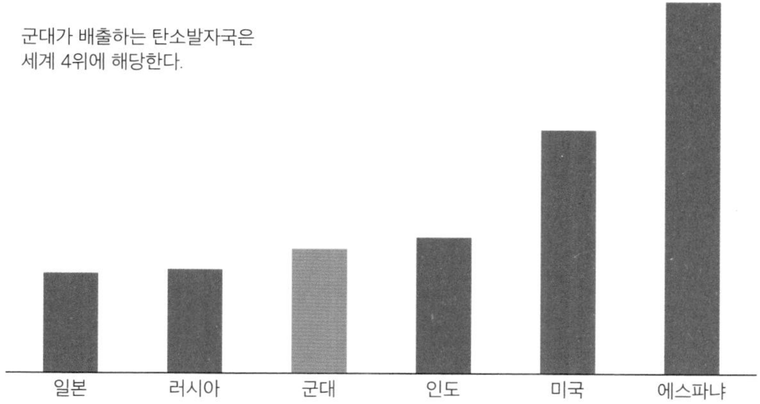

2023년, 우리의 환경부와 같은 유럽의 기관과 환경 전문가들이 18개월간, 러시아-우크라이나 전쟁이 이루어지는 500여 일간 온실가스가 얼마나 발생했는지 기후 영향을 추산했습니다.[6] 이 보고서에 따르면 전쟁 18개월 동안 발생한 온실가스의 양은 1억 5,000만 톤에 달합니다. 이 배출량은 벨기에나 네덜란드와 같은 국가가 1년간 배출하는 온실가스의 양과 맞먹습니다.

2022년 국제적 책임을 위한 과학자들Scientists for Global Responsibility, SGR과 분쟁환경관측소Conflict and Environment Observatory, CEOBS는 전 세계 군사 활동으로 인한 탄소 배출량을 산출하여 발표했습니다. "전쟁을 하나의 국가로 본다면, 이 국가는 세계 온실가스 배출량의 약 5.5퍼센트를 차지하는 중국, 미국, 인도 다음으로 탄소를 많이 배출하는 나라"가 됩니다.

지구의 평균기온 상승 폭을 산업화 이전에 대비하여 2.0도 이하로 유지하고 가능하면 1.5도 이내로 제한하자는 국제사회의 약속이 지난 2015년 파리에서 개최된 유엔기후변화협약 당사국 총회에서 체결되었습니다. 그러나 2024년 초부터 올해 안에 첫 번째 마지노선인 1.5도를 돌파할 것이라는 보도가 있었습니다. 기후위기는 심각해지고 있는데, 군사 활동과 전쟁이 계속되는 것은 이 뜨거워지는 지구에 기름을 붓는 것과 마찬가지입니다. 최근에 발표된 보고서에 따르면, 2015년 파리협약 이후 미국과 영국의 군대에서 배출한 온실가스 배출량은 2022년 영국 전체의 온실가스 배출량보다도 많습니다.[7] 앞서 제가 소개한 군사 활동에 의한 온실가스 배출량을 소개하는 자료들이 공통으로 꼭 덧붙이는 이야기가 있습니다. 전쟁과 군사 활동에서 발생하는 온실가스의 양이 정확하게 공개되어 있지 않고, 국가 안보상의 이유로 비공개된 경우가 많아 실제로는 더 많은 온실가스를 배출할 것이라는 점입니다.

6 European Climate Foundation (ECF) and by the Environmental Policy and Advocacy Initiative in Ukraine (EPAIU). 'Climate Damage Casued by Russia's War In Ukraine', 2023.

7 Common Wealth. 'Less war, Less Warming: A Reparative Approach to Us and UK Military Ecological Damages', 2023.

문제는 전쟁이 군사시설과 무기, 전투로만 구성되지 않는다는 점입니다. 전쟁은 군부대만 부수지 않습니다. 군인만 죽이지도 않습니다. 전쟁은 학교를 무너뜨리고 병원을 무너뜨리며 거주지와 도시 기반을 파괴합니다. 2024년 3월, 지난 2023년 10월부터 시작된 이스라엘의 가자지구 침공으로 사망자가 3만 명을 넘어섰다고 보도된 바 있습니다.[8] 팔레스타인 북부 지역에는 2024년 기준 약 30만 명이 거주 중인데 특히 어린이들을 비롯한 거주민의 기근이 심각한 수준에 이르렀고 가자지구 인구의 절반인 110만 명이 치명적인 기아 상태라고 보고되고 있습니다.[9] 전쟁은 전투가 벌어지는 곳에서 살아가는 시민들의 모든 것을 파괴합니다. 전쟁이 끝나면 도시 기반을 새로 만들어 내야 합니다. 이러한 이유로 무기를 생산하는 것부터 파괴된 도시를 복원하는 것까지가 모두 군사 활동이자 전쟁 행위와 연결되어 있다고 볼 수 있습니다.

기업의 온실가스 배출량을 측정할 때는 생산 활동 과정뿐 아니라 자회사, 제품 원료와 부품의 구매와 이동, 상품의 판매와 폐기, 임직원의 출퇴근 등을 모두 포괄하여 계산합니다. 이를 'Scope 3'이라고 부르는데, 온실가스 배출량을 측정하고 다루는 기준을 제시하는 'GHG 프로토콜'은 이 Scope 3을 상품 생산과정인 '업스트림'과 소비와 폐기 전반을 아우르는 '다운스트림'으로 구분하여 총 15가지의 온실가스 배출 범주를 제시하고 있습니다. 즉, 공장을 가동하는 것만이 아니라, 제품이 생산되고 폐기되는 생애 전반을 따져 기후 영향을 파악할 수 있도록 하는 것이지요.

8 윤기은 기자. '가자지구 사망자 3만 명…시신 묻을 땅이 없다', 경향신문, 2024. 03. 06. https://khan.co.kr/world/mideast-africa/article/202403061110011#c2b

9 유엔세계식량계획. '가자지구 북부 30만 명 기근 임박 - IPC 최신 보고서', 2024. https://ko.wfp.org/news/famine-imminent-northern-gaza-new-report-warns

이제 무기라는 '상품'의 온실가스 배출량을 제품의 생애 주기 관점에서 살펴봅시다. 한국의 무기 회사들이 원료를 수입하고 이용하여 무기를 만들고, 노동자들의 출퇴근, 수출입을 위해 선박과 비행기를 이용하는 모든 과정이 무기라는 상품의 온실가스 배출 경로입니다. 이에 더해 전투기와 드론, 함선과 탱크를 통해 전쟁터로 이동되고 사용되어 도시를 폭격하는 과정에서도 온실가스가 배출됩니다. 그런데 무기의 기후 영향은 여기에서 끝나지 않습니다. 무기가 파괴한 도시를 재건하는 데도 온실가스가 배출됩니다. 전쟁으로 다친 이들을 치료하고 회복하는 과정에서도 다른 제품과 서비스를 이용하게 되니 추가적으로 온실가스가 배출됩니다. 이에 분쟁환경관측소(CEOBS)는 군사 충돌의 온실가스 배출에서 Scope 3뿐만 아니라 'Scope 3+'라는 개념을 제시했습니다. 군사 활동 이후 도시의 복구, 사람들과 지역사회의 회복 과정에서 소비되는 재화와 서비스로 인한 온실가스 배출을 한 번 더 살펴봐야 한다고 이야기합니다.

또한 한국 기업은 무기를 생산하여 전쟁 특수를 통해 판매하는 것뿐만 아니라 전쟁 이후 도시의 복원 과정에도 개입하고자 합니다. 국민연금은 2023년 상반기 한화시스템, 풍산과 같은 대표적인 방산기업과 우크라이나 재건 계획 수주 가능성이 있는 관련 건설 기업에 투자를 늘렸습니다.[10] 전쟁의 피해와 재건의 부담은 우크라이나 주민들에게 남겨지고 투자 수익은 국민연금과 무기 제조 기업, 한국의 국민에게 돌아오는 구조입니다. 전쟁의 비윤리성, 전쟁의 환경과 기후 영향은 국민연금의 고려 대상은 아닌 것 같습니다.

10 김선영 기자. '국민연금, 리오프닝 덜고 방산 반도체에 베팅했다', 서울경제, 2023. 07. 05. https://www.sedaily.com/NewsView/29S0IUOS7R

평화, 기후위기 시대 기후 정의의 구체적 방법

한국은 산업, 전력 생산, 건물, 농업, 폐기물, 교통 등 사회 전 분야에서 온실가스 감축량을 계산하고 이를 감축하기 위한 목표를 전 세계적으로 약속하고 있습니다. 다른 국가들도 마찬가지로 유엔기후변화협약에 따라 탄소중립을 약속하고 대기 중 온실가스 방출을 제한하기 위해 노력하고 있습니다. 하지만 안타깝게도 각 국가의 군사 활동에 의한 기후 영향은 논의에 포함되어 있지 않습니다. 각국의 온실가스 저감을 의무로 규정한 1997년의 교토의정서에 군사 활동은 그 대상에서 제외되었으며, 지구의 평균기온을 산업화 이전 대비 1.5도 이내로 제한하기 위한 국제적 노력을 약속한 2015년 파리협약에서도 군사 활동의 온실가스 배출 정보 공개는 국가의 자율 사항으로 두었습니다. 다행히 최근 국제적 규범 안에서 각국의 군사 활동과 전쟁으로 인한 온실가스 배출량을 공개하고 관리해야 한다는 요구가 지속적으로 제기되고 있습니다.

우리가 군사 활동과 전쟁의 기후 영향을 공개하도록 한다면 군대가 얼마나 많은 사상자를 만드는지, 군대가 얼마나 많은 석유를 사용하는지, 얼마나 많은 자원을 이용하고 있는지 알게 됩니다. 군사 활동이 숨겨온 기후 영향을 파악함으로써 전쟁에 기후위기의 책임을 물을 수 있습니다. 그렇다면 우리는 점차 늘어나는 군사비를 다른 곳에 쓸 수 있습니다. 개발도상국들이 기후위기에 대응하는 데 필요한 원조 금액이 연간 1.5조~3조 달러라고 합니다. 그러나 지난 2023년, 전 세계의 국가들이 군사비로 2조 4,000억 달러를 지출했다는 SIPRI의 보고가 있었습니다. 이 돈을 사람과 환경에 투자한다면 무엇이 바뀔 수 있을까요?

2024년 초, 북한 평양에서 출발한 열차가 전기 부족으로 급경사 지역을 넘지 못하고 전복되어 400여 명이 사망하는 일이 벌어졌습니다. 남한과 북한이 서로를 적이라 부르는 적대 행위를 멈추고, 군사적 도발이 아닌 에너지 협력을 했다면 남한과 북한 주민들의 삶은 어떻게 달라졌을지 생각하게 됩니다. 전쟁은 도시나 학교와 같은 물리적 기반만 파괴하는 것이 아니라, 지금까지 기후위기에 대응하고 지구를 보호하기 위해 애써 노력해서 만들었던 우리의 역량과 네트워크도 파괴합니다.

지난 2022년 12월, 방위사업청에서 'K-방산, 수출에 향후 1조 원을 투자하겠다'라는 정책 자료를 발표했습니다. 이 1조 원으로 3KW 태양광 패널을 설치하면 어떻게 될까요? 단순하게 한 개에 380만 원을 기준으로 계산하면, 태양광 패널을 26만 개 이상 설치할 수 있게 됩니다. 2021년도에 정부에서 그린 리모델링 성과를 발표했는데, 약 3억 2,000만 원으로 900채 가까이 지원했습니다. 단순하게 셈하면 방위산업 투자 비용으로 에너지 효율이 낮은 농촌 주택이나 노후 주거 단지 3,000여 세대의 그린 리모델링을 통해 주거 복지를 확대할 수 있습니다. 또 이 돈으로 3억 5,000만 원짜리 국내산 전기버스에 투자할 수 있다면 우리는 2,507대의 전기버스를 갖게 됩니다. 이 버스들이 농촌의 마을에 갈 수 있다면 어떤 변화를 만들어 낼 수 있을까요.

우리는 너무나도 쉽게 많은 돈을 방위산업과 국가 안보라는 이유로 투자하면서 이 돈을 바탕으로 사람을 죽이고 도시를 파괴하는 전쟁에 일조하고 있습니다. 남북의 긴장 관계가 계속되고 있고, 위기설이 반복됩니다. 전쟁까지는 아니더라도 군사 경계 지역의 국지전은 충분히 일어날 수 있다는 긴장감이 한반도를 휘감고 있습니다. 이런 이유로 국방예산 증가의 당위성이 커집니다. 국가가 방위산업을 새로운 수출 전략으로, 방위산업이 지역 경제의 중추가 된다면 지역은 전쟁에 기대어 움직이게 될 것입니다. 필요한 것은 에너지 전환과 시민들의 삶을 지키는 일자리이지, 전쟁을 필요로 하는 일자리여서는 안됩니다.

26만 3,158개의 3kW 태양광 패널 설치
3kW 패널 설치비 380만 원 기준

2,834채 주택 그린 리모델링 지원
2021년 지원금 3,266억 원, 총 895채, 평균 금액 약 3억 5,000만 원

24개 8MW 풍력발전기 설치비
1kW당 520만 원, 8MW 약 42억 원

2,857대 전기버스 도입
전기버스 3억 5,000만 원

향후 3년간 지원되는 1조 원의 방산 지원으로 할 수 있는 것들

지금껏 우리의 세계를 지켜 준다고 믿었던 전쟁은 기후위기를 막지 못했습니다. 오히려 전쟁이 우리의 삶의 터전을 위협할 뿐 아니라 기후위기를 더 심각하게 만들고 있습니다. 전쟁과 무기가 지켜 낸 국가 안보가 불러오는 기후위기를 이야기합시다. 정치인들이 쉽게 전쟁을 이야기하지 않도록 만들어야 합니다. 기후위기 시대에서 어떻게 하면 전쟁이 아닌 평화를 이야기하면서 국제적 협력을 만들어 갈지에 대한 논의가 필요합니다.

또 전쟁이 불러오는 기후위기를 막기 위해서는 우리가 지구의 평균 기온 상승을 1.5도 이내로 제한할 수 있다는 믿음이 있어야 합니다. 이러한 믿음이 다른 이들의 참여를 촉진할 것이기 때문입니다. 전쟁과 기후위기의 시대에 낙담하지 맙시다. 그래야만 이 전쟁을 우리가 막을 수 있다고 생각하고 행동할 수 있습니다. 기후위기와 전쟁의 시대에 우리의 상상력과 힘, 연대에 대한 신뢰가 있어야 합니다. 전쟁으로는 기후위기를 막을 수 없습니다. 평화를 통해 기후 정의를 이야기합시다.

9장

2024년 총선과 기후 정치

이관후

정치는 해결책이 될 수 있다

저는 정치학자입니다. 정치학자가 왜 기후위기를 이야기하는 지면에 함께하게 된 것일까요? 다른 저자들은 평소에도 기후와 관련해 다양한 고민을 해 온 분들인데, 저는 죄송하게도 기후라는 주제에 관심을 가진 지가 얼마 되지 못했습니다. 그런데도 제가 목소리 내게 된 이유는 무엇일까요.

앞서 말씀해 주셨듯, 정치가 제일 나쁜 놈이더군요. 지구를 망치고, 전염병을 부르고, 불평등을 만들어 내고, 심지어 전쟁까지 일으켜 사람을 죽이고, 탄소를 배출하는 게 다 정치가 하는 일입니다. 이렇게 정치가 기후에서 제일 큰 문제임이 확실해지니까 정치 연구자로서 저는 문득 죄책감이 들기도 했습니다.

모든 분야에서 정치가 문제라고들 합니다. 저는 『정치를 옹호함』이라는 책을 번역하기도 했는데요, 우리 사회에서 정치 혐오가 너무 심해지고 있다는 생각이 들어서였습니다. 하나의 공동체에서 어떤 문제를 평화적으로 해결될 수 있는 유일한 방법은 사실 정치입니다. 정치는 문제를 일으키거나, 시민들을 못살게 굴거나, 기후위기를 가져오기 위해 존재하는 것이 아니고, 사람들이 함께 살아가면서 불가피하게 발생하는 문제를 해결하기 위해 생긴 것입니다. 또 더 나은 세상을 만들기 위해, 사람들이 공동의 결정을 내리기 위해 필요한 것이지요.

그런데 요즘 정치는 말 그대로 동네북이 되고 말았네요. 물론 정치가 잘못하기 때문입니다. 조금 더 정확하게 말하자면, 정치가 없기 때문입니다. 제가 생각하는 정치는 이렇습니다. '폭력이 아닌 말로 다른 사람과 이야기를 해서 설득하고 조정하고 타협해서 해결하는 것.' 이것은 본래 여러 정치학자가 동의하는 정치의 정의 중 하나입니다. 그런데 우리는 왜 정치라고 하면 다 나쁘고, 싫고, 싸우는 모습만 떠오를까요?

우리가 정치라고 했을 때 떠올리는 그것은 실은 '권력투쟁'이라고 불러야 적절합니다. 많은 사람이 이 '권력투쟁'을 '정치'라고 알고 있는 것이죠. 매일의 뉴스에서 보는 사건들 대부분은 실은 정치보다는 권력투쟁과 관련된 일인데, 우리는 권력투쟁에 정치라는 라벨을 붙여 놓고 '나쁘다'는 생각을 하는 것입니다. 물론 정치에는 권력투쟁의 요소가 있게 마련입니다. 그러나 권력투쟁 자체가 정치는 아닙니다. 또 권력투쟁 자체가 문제라고는 할 수 없습니다. 권력투쟁은 본래 정치적으로 문제를 해결하는 과정에서 더 많은 권한을 갖기 위한 경쟁입니다. 이를테면 민주적 선거가 권력투쟁을 제도적으로 해결하는 과정이지요. 그런데 많은 정치인이 정치보다는 권력투쟁에만 매몰되고, 또 그 과정에서 정당하고 합리적인 방법을 사용하기보다는 군중심리를 동원하고, 언론이나 기업과 유착되고, 자신들이 이미 가진 권력 자원을 이용해서 심지어는 불법을 저지르기도 합니다. 그 최종적인 결과는 권력투쟁이 정치를 완전히 대체해 버리는 것이죠. 이렇게 정치가 순전히 권력투쟁이 되어 버리면, 정치는 어떤 문제도 해결할 수 없습니다.

이번에 제가 말씀드리려는 것은 이런 권력투쟁은 아닙니다. 말 그대로 정치가 제대로 해야 할 일을 하는 것, 그리고 그 해결해야 할 일 중에서 가장 중요한 것이 지금은 기후위기임을 말씀드리려고 합니다. 우리가 정치를 아무리 미워하고 외면하려고 해도, 결국 기후위기를 포함한 많은 일을 해결할 수 있는 유일한 방법이 또한 정치이기 때문입니다.

기후위기, 우리에게 필요한 전략은

이 포럼의 주제는 '기후 전망과 전략'입니다. '전망'에 대해서는 다른 분들께서 많이 말씀해 주셨을 텐데, 그렇다면 이런 전망을 현실화하기 위해서는 어떤 '전략'이 필요할까요? 저는 이렇게 말씀드리고 싶습니다. '정치적 의제화'라고 하는 전략이 지금 필요하다고 말입니다.

지난 10여 년 동안 우리 사회에서 기후위기의 '사회적 의제화'는 비교적 많이 진행되었습니다. 많은 연구자, 전문가, 활동가와 시민의 노력과 분투 덕택에 사회적 의제화라는 '기후대응 1.0'까지는 어느 정도 성과가 있었습니다. 그 결과 한국 사회에서 기후위기가 뭔지 모르겠다든지, 그런 건 없다든지, 또 이 문제가 중요하지 않다고 생각하는 시민은 이제 많지 않습니다. 그런데 왜 많은 시민이 이렇게 생각하는데도 국가적 수준에서의 기후대응은 잘 되고 있지 않을까요? 바로 정치적 의제화라는 '기후대응 2.0'으로 넘어가는 단계에서 어려움을 겪고 있기 때문입니다. 기후가 사회는 만났는데, 정치를 아직 못 만나고 있습니다. 아니 만나기는 했는데, 서로 결합이 되지는 못하고 있습니다. 왜 그런 걸까요? 어디서 이 문제를 풀어나가야 할까요?

2024년은 슈퍼 선거의 해라고 합니다. 전 세계적으로 70개국이 넘는 나라에서 선거를 하고, 40억 명 이상에게 영향력을 미칠 예정입니다. 이 선거에 참여하는 유권자만 해도 20억 명이 넘습니다. 저는 '2024년은 슈퍼 선거의 해'라는 말을 이렇게 바꿔 보겠습니다. 2024년은 '인류 역사상 처음으로 기후라는 어젠다와 민주주의가 만나는 해'라고 말입니다.

한국에서도 아주 중요한 선거가 있었습니다. 제22대 총선입니다. 이 때 뽑힌 국회의원의 임기는 2024년에서 2028년까지입니다. 이 기간 동안 우리가 기후위기에 대응하기 위해 해야 할 일이 얼마나 많은지는 다른 저자들이 잘 설명해 주었을 겁니다. 그 일들이 과연 실현될 수 있는지, 여전히 기후 악당으로 남을 것인지를 바로 우리의 투표가 결정합니다. 우리가 민주주의를 통해서 기후라는 문제를 정치 의제화 하고 해결해 낼 수 있는 첫 번째 해, 그 원년이 2024년이 되느냐 못 되느냐 하는 여부가 바로 2024년 4월 총선에 달려 있던 셈입니다.

그런데 중요한 선거를 앞두고 과거의 방식으로 기후 정책을 발표하고, 정당에게 이를 호소하고, 또 시민들에게 알리기만 하면 정치 의제화가 잘 될까요? 그럴 것 같지는 않습니다. 한국의 주요 정당들과 정치인들이 갑자기 그렇게 개명되지는 않겠지요. 우리가 정치 의제화를 어떻게 할 수 있을지, 그 방향을 잡고 활동을 해 나가기 위해서 먼저 전략을 수립해야 합니다.

전략 수립을 하려면 데이터가 필요합니다. 그러려면 근거가 있어야 합니다. 어떤 데이터가 필요할까요? 국민들이 기후에 대해 어떻게 생각하고, 또 얼마나 알고 있고, 어떤 기후 정책에 강하게 반응하는지, 어떤 의제에 대해서는 아직 주저하고 있는지, 그런 분들이 어느 지역에 거주하며, 어떤 성별과 연령인지 같은 정보들을 알아야 합니다. 그래서 조사를 했습니다. 왜 기후위기가 주요한 정치적 의제가 되지 못하는지, 그리고 기후 유권자는 누구이고, 그 사람들은 어디에 어떻게 살고 있는지 등을 찾기 위해서 말입니다. 이어 소개할 내용은 녹색전환연구소에서 로컬에너지랩과 함께 전국의 시민 1만 7,000명을 대상으로 기후 정치에 대한 설문조사를 진행한 결과입니다.

보통 선거 관련 여론 조사들은 전국적으로 1,000명에서 많아야 2,000명 정도를 대상으로 합니다. 그런데 그런 조사 방식으로는 구체적으로 어디의 누가 기후 유권자인지, 과연 기후를 기준으로 투표를 할 건지, 또 구체적으로 어떤 기후 공약에 반응하는지를 알기는 어렵습니다. 왜냐하면 전국 1,000명의 샘플 중에, 예를 들어 강원도의 20대 남성을 꼽아 보면 잘해야 1~2명밖에 안 잡히거나 아예 없을 수도 있기 때문입니다.

저희는 그 정도의 표본으로는 목표하는 것을 찾아내기에 부족하다고 생각했습니다. 그래서 과감하게 전국 17개 시도에 각 1,000명씩, 총 1만 7,000명을 조사했고, 질문 문항을 170개 이상으로 구성했습니다. 각 시도별 1,000명을 국회의원 선거구와 완전히 일치하지는 않지만, 최대한 가깝게 블록을 나누어 설정했습니다. 그래서 어느 지역구에서 무슨 얘기를 해야 기후 유권자들이 반응할 것이라고까지는 추론할 수 있도록 했습니다.

무엇보다 선거에 관심을 가진 국회의원 후보자와 정당들이 바로 활용할 수 있을 내용의 기획이 필요했습니다. 우리가 가서 기후에 관심을 가져 달라고 하는 것이 아니라, 그들이 우리에게 와서 기후와 관련해서 어떤 이야기를 해야 할지 논의하도록 말입니다. 이런 내용의 프로젝트를 2023년 5월부터 기획해서 여름과 가을에 여러 전문가와의 토론을 거쳐 조사 설계를 그해 말에 마치고, 2023년 12월에 조사해서 2024년 1월에 조사 결과를 얻었습니다.

당신은 기후위기에 대해 얼마나 알고 있습니까

조사 결과를 간략하게 설명하자면 이렇습니다. 먼저, 기후 관련 용어를 알고 있는지, 여러 가지 용어의 인지도와 관련한 질문을 했습니다. 저는 결과를 보고 약간 충격을 받았습니다. ESG를 아는 사람이 40퍼센트가 안 되었고, 특히 요즘 문제가 되는 RE100에 대해서는 약 30퍼센트, 즉 3명 중 1명 정도만 알고 있었습니다. ESG는 환경Environment·사회Social·지배구조Governance의 머리글자를 딴 말로, 기업 가치와 지속 가능성에 영향을 주는 비재무적 요소를 뜻합니다. RE100은 기업이 사용하는 전력 100퍼센트를 재생에너지로 충당하겠다는 전 세계적 캠페인을 말합니다.

여러분이 잘 아시다시피 RE100은 지난 대선 때 화제가 되었던 용어입니다. 그런데 저로서는 두 가지가 참 안타까웠습니다. 하나는 RE100을 모르는 사람이 대통령이 되었다는 것이고요, 다른 하나는 실제로 국민 중 다수도 그 용어를 몰랐다는 것입니다. 이건 정치적 의제화 면에서 상당히 심각한 문제입니다. 만약 제가 주변 사람들에게 '어떻게 RE100을 모를 수 있지?'라고 핀잔을 건넨다면, 3명 중 2명은 속으로 꿍하게 '나도 모르는데?' 하고 반감을 가질 수도 있겠다는 예상입니다. 사람들은 그 사실 자체는 인정하지만, 그렇게 핀잔을 주면서 가르치려는 정치인에게 동조하지는 않습니다. 저는 실제로 그런 일이 대통령 선거에서 일어날 수 있었다고 생각합니다. 우리가 일상적인 캠페인을 할 때도 마찬가지입니다. 이런 용어를 잘 모르는 분들께 '어떻게 RE100도 몰라?'라고 이야기한다면 기후 유권자를 만들기 어려울 것입니다. 반대로 선거 이후에 더 많은 국민에게 RE100을 알려야 한다는 과제도 생긴 것이지요. 그래서 이런 상황을 알고 있는 것은 중요합니다. 우리가 서 있는 지점을 알고 있을 때, 선거 때 어떤 캠페인을 하고, 일상적인 상황에서는 어떤 캠페인을 해야 하는지 알게 되는 것입니다.

사람들이 많이 알고 있는 것부터 차근차근 친근하게 다가가야 하고, 잘 모를 것 같은 이야기를 할 때는 '이것도 모르세요?' 하면 안 됩니다. 그럼 기후위기에 대해서 아직 자세히 모르는 분에게는 무슨 얘기를 하는 게 좋을까요? 조사 결과처럼, 다수의 국민이 성별이나 연령에 편차 없이 많이 알고 있는 온실가스나 탄소중립 이야기를 하시면 좋습니다. 그리고 조금 더 관심이 있으신 분에게는 기후 정의, 더 관심이 많은 분에게는 ESG나 RE100 이야기를 해도 좋겠습니다.

여러 가지 한국 사회의 도전 과제 중에 어떤 것이 중요하냐고 했을 때 기후위기가 저출산, 고령화 다음으로 순위가 높게 나왔습니다. 그렇다면 사람들은 기후위기와 관련하여 무엇에 관심이 있을까요? 사람들에게 직접적으로 기후위기 때문에 어떤 타격이 있을지 물어봤습니다. 기후변화가 자산 가치에 미치는 영향이 있을지를 질문했더니 50퍼센트가 넘는 응답자가 '기후위기가 내 자산에 영향을 미칠 것이다'라고 답변했으며 해당 답변자의 비율 중 3억 5,000만 원 이상의 자산을 가지신 분들의 더 비율이 높았습니다. 기후위기에 대해 말할 때, 듣는 사람이 관심이 있을 법한 이야기를 통해 접근하면 설득력을 높일 수 있을 겁니다.

그다음 탄소세에 대한 설문조사 결과입니다. 우리 국민은 탄소세를 수용할 준비가 되었을까요? 이 질문에 대해 가장 많은 응답자가 상품에 탄소세를 신설하는 것이 부유세, 기업의 법인세, 개인의 소득세 등을 인상하는 것보다 훨씬 더 낫겠다고 응답했습니다. 탄소세는 물건을 사거나 에너지원을 이용할 때 내는 세금이니까 보편세입니다. 저는 사실 소비자들이 스스로 탄소 발생 비용을 지불하기보다는 다른 일부의 사람들이나 기업에 그 책임을 물을 것이라고 봤는데, 의외로 우리 국민은 보편적으로 비용 부담을 해야 탄소를 실질적으로 줄일 수 있다고 생각하는 것 같습니다.

다음으로 말씀드릴 두 개의 교통 관련 데이터는 매우 고무적이었습니다. 사실 제가 한밤중에 책상에서 이 데이터를 받아 본 순간 몹시 떨렸습니다. 자동차 차량 등록 제한에 대해 물었을 때, 2명 중 1명이 '그래도 된다', 5명 중 3명 가까이가 '찬성한다'고 응답했습니다. 또한 신규 내연기관차 판매를 중단하는 것에 대해 질문했을 때, 3명 중 2명에 가까운 응답자가 '판매 중단에 찬성한다'고 답했습니다. 이 결과를 보고 저는 당시 임박한 제22대 총선 때 자동차와 관련한 기후 공약을 여러 정치인과 정당에게 세게 권유해도 되겠다는 생각을 했습니다. 이런 공약들을 각 정당에 요구하고 다음 국회에서 법으로 만들어 줄 것을 우리가 요청해도 될 만한 시점인 것입니다.

기후 유권자를 파헤치다

'기후대응 공약이 마음에 드는 후보에게 투표하겠는가?' 같은 질문도 했습니다. 그랬더니 60퍼센트 정도가 '평소의 정치적 견해와 다르더라도 투표를 진지하게 고려하겠다'고 답변했습니다. 이들은 누구일까요? 기존 여러 조사를 보면 2030 여성이 기후에 민감하다는 관념이 있는 것 같습니다. 그런 측면도 분명히 있습니다. 그런데 이번 조사 결과에서는 기존의 선입견과 다른 부분이 있었습니다.

기존 조사에서는 '얼마나 심각하게 생각하는가?' 하는 민감도를 중심으로 물어봤는데, 이번 저희 조사에서는 '기후 유권자'에 초점을 맞추었기 때문에, 민감도뿐 아니라 두 가지 지표를 더하여 인지도, 투표 의향을 함께 물었습니다. 이 세 가지 지표를 더해 보니 전체 유권자 3명 중 1명 정도가 기후 유권자였습니다. 투표 성향은 60퍼센트 정도이고, 그중에서 인지도와 민감도를 더 따져 보면 3분의 1 정도가 '기후 유권자'라고 부를 수 있는 그룹이었습니다.

선입견과 다르다는 결과는 이런 부분이었습니다. 먼저 민감도를 보면 기후위기에서 북극곰을 떠올리듯이 슬프다고 느끼는 국민이 많았습니다. 이런 면에서는 또 여성이 조금 더 민감한 것이 맞았지요. 그러나 기후정책에 대해서 구체적으로 알고 있는가, 기후를 변수로 투표를 할 것인가를 더 따져 봤을 때는 조금 다른 결과가 나왔습니다. 민감하게 느끼는 것은 여성인데 인지 정보와 투표 성향이 높은 것은 남성으로 나타났습니다. 이것은 어느 성별이 더 낫다거나 나쁘다는 의미가 아니고, 어떤 성별과 어떤 세대가 기후와 관련해 어떤 특성을 갖는다는 것을 의미합니다.

기후 유권자 정의

- 개념적 정의: 기후 의제에 대해 알고, 민감하게 반응하며, 기후 의제를 중심으로 투표 선택을 고려하는 유권자
- 조작적 정의: 기후 정보지수 3.8점 이상 & 기후 민감도 지수 25.6 이상 & 기후 투표(정당) 의향을 가진 유권자

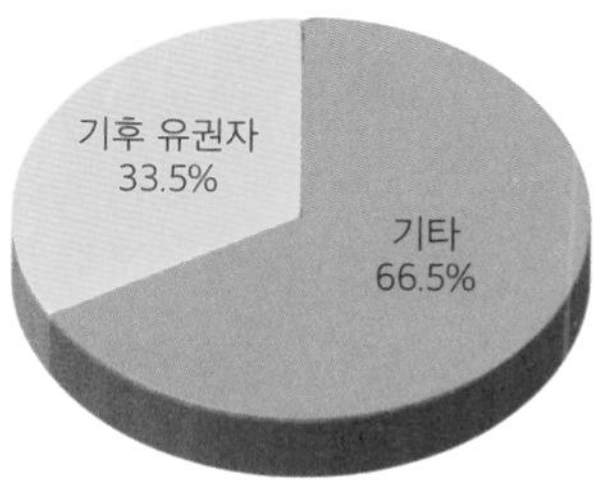

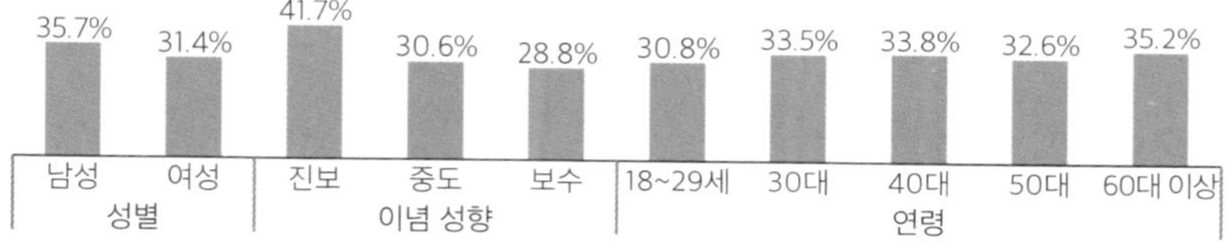

- 2023년 한국의 '기후 유권자'는 주관적 이념 성향 기준 진보층에 더 분포. 진보층 41.7%, 중도층 30.6%, 보수층 28.8%.
- 성별로는 남성이 35.7%, 여성이 31.4%로 분포. 기존 조사 결과에 따르면, 기후위기를 민감하게 느끼는 집단은 여성이 남성보다 더 많은 것으로 확인. 그러나 기후 정보 인지와 기후 투표 성향을 함께 고려하면 남성 유권자 집단이 유의하게 많은 것으로 확인.
- 연령을 기준으로 보면 18~29세 < 30대 ≒ 50대 < 60세 이상으로 분포. 기후 정보 인지, 기후위기 민감도, 기후 투표 성향을 종합적으로 고려하면 연령이 높아질수록 기후 유권자 비중이 높아지는 것으로 확인.

한국의 기후 유권자

저희 조사에서 남성들은 ESG나 RE100 같은 용어 인지도가 더 높았는데, 나중에 추가 조사 등을 통해서 검증해야겠지만 저희 논의에 참여한 한 경제 전문가는 주식 투자와 관련이 있을 가능성이 높다고 말했습니다. 예를 들면 기후대응과 관련한 회사의 주식을 보유한 분들은 기후 정책이 산업에 미치는 부분에 대해 민감도와 인지도가 높을 수 있습니다. 또 여성 중에서도 4050 주부들의 기후위기 정책에 대한 관심도도 매우 높았습니다. 실제로 가정에서 많은 제품을 소비하고, 쓰레기 배출과 재활용을 자주 경험하는 분들일 가능성이 높아 보입니다.

우리는 흔히 미래 세대인 젊은 세대가 기후위기에 더 민감할 것이라는 선입견이 있는데요, 실제로는 고연령층에서 기후 유권자가 더 많았습니다. 고연령층이 정치적으로 보수적인데도 그렇습니다. 조사의 전체적인 경향을 보면, 2030 남성 중에서는 기후대응이 당장의 일자리에 미칠 악영향을 걱정하는 경우가 많은 것 같습니다. 반면에 6070 세대에서는 오랜 시간 동안 기후변화를 직접 체험한 경험도 많고, 그 기후변화에 대한 책임도 느끼는 것처럼 보입니다. 소위 '실버 세대silver generation'나 '그레이 보터grey voter'로 불리는 분들이 기후 유권자가 될 가능성도 높다는 것입니다.

직군별로 봐도 회사원과 자영업자는 그들 나름대로 산업적 측면에서 기후대응이 중요하다고 생각하고, 자가용이 없는 주부와 학생들은 또 대중교통의 확충이 중요하다고 느끼고 있었습니다. 산업별로는 지방에서 농어업 등에 종사하시는 분들이 기후변화를 실감하고 또 다양한 기후 재난을 경험하기도 했습니다. 이런 것들은 기후 민감도를 높이는데, 실제로 조사 결과에서도 확연히 드러났습니다.

이런 조사 결과를 종합적으로 말씀드리면, 기후 앞에서는 세대와 성별, 진보와 보수라는 구분이 중요한 것이 아니라, 각자가 중요하게 생각하는 이슈들이 모두 영향을 미칠 수 있다는 것입니다.

기후 선거구를 찾아라

이제 시야를 지역으로 돌려 볼까요? 저희는 이번에 기후 유권자뿐만 아니라 '기후 선거구'도 찾아내기 위해 노력했습니다. 왜 찾아야 할까요? 네덜란드 같은 나라는 국가 전체가 하나의 선거구라서 거기서는 투표자가 정당만 찍거나, 또 모든 후보자 중에서 고를 수도 있습니다.

하지만 우리는 어떻습니까? 여러분이 잘 알다시피, 우리나라는 국회의원의 70퍼센트 이상을 지역구 선거에서 뽑습니다. 즉, 한 명의 국회의원을 뽑는 선거구가 모두 254개로 나뉘어 있습니다. 결국 여기에 출마하는 국회의원 후보자들은 국가 전체의 기후대응보다는 자기 지역구의 유권자들이 기후와 관련해서 어떤 입장을 갖고 있느냐에 더 관심을 기울일 수밖에 없습니다. 한편으로는 그래서 국가적 사안에 관심을 두는 비례대표를 더 늘려야 하지만, 지금 당장 우리의 전략은 지금의 선거제도에 초점을 맞출 수밖에 없습니다. 그래서 '기후 선거구'를 선별해서, 거기에 캠페인을 집중할 필요가 있었습니다.

이 기후 선거구는 어떻게 찾을 수 있을까요? 일단 17개 시도를 1,000명씩 나누고, 그 안에서도 국회의원 선거구에 최대한 비슷하게 67개 권역으로 다시 한번 자세히 쪼갰습니다. 그랬더니 254개 지역과 딱 들어맞지는 않지만, 인구가 적은 곳은 국회의원 선거구에 들어맞는 곳도 나왔고, 도시지역은 그만큼은 아니지만 시·군이나 갑·을·병 등으로 나뉜 인접 선거구의 경향을 알 수 있는 정도는 되었습니다.

이렇게 나누어서 일단 각 시도별 17개 특성과 기후 선거구부터 확인해 보았는데요, 한 가지 중요한 시사점을 발견했습니다. 수도권과 지방의 격차가 기후대응을 어렵게 하고 있다는 점이었습니다. 기후위기 대응 이슈와 지방 소멸 이슈가 서로 별개의 이슈가 아니라 딱 붙어 있는 것입니다.

예를 들어 각 지역의 에너지 자립도에 연동하는 전력 차등 요금제가 고려되는 상황에서 이에 대한 반응을 살펴봤습니다. 그 결과 전국적으로 평균 57.5퍼센트가 찬성한다고 답변했는데요, 일단 이런 정도의 찬성을 기반으로 정책과 법안도 추진될 수 있었겠다는 생각이 들었습니다. 그런데 이런 정책은 지역별로 차등을 두는 것이니까 정책 수용성을 보면 전국 평균보다는 오히려 균질성이 중요합니다. 그래서 핵심 변수는 수도권과 지방의 격차였습니다. 아니나 다를까, 비수도권은 약 64퍼센트가 찬성이라고 응답했는데, 수도권은 찬성이 51퍼센트 정도밖에 되지 않았습니다. 차이가 많이 납니다. 하나의 기후대응 정책이 전국 단위에서 쉽게 적용되기 어려운 것이지요.

물론 희망도 있습니다. 이렇게 수도권과 비수도권에서 상당한 차이가 발생하는 것은 에너지를 비수도권에서 생산해서 수도권으로 보내고 있다는 것, 그리고 차등 요금제를 실시할 경우 수도권 시민들은 더 비싼 요금을 내야 한다는 사실을 수도권 유권자들이 이미 알고 있다는 뜻으로도 볼 수 있습니다. 이 사실을 잘 알고 있으니, 오히려 수도권에서 빨리 에너지 자립도를 높여야 한다고 요구할 수도 있습니다. 불과 2년 뒤인 2026년에 지방선거가 있지 않습니까? 수도권에 있는 지자체장들에게 해당 시민들이 더 비싼 전기 요금을 내지 않도록 전력 자립도를 어떻게 높일 수 있을 것인가에 대해 해답을 요구해야 합니다.

그런데 수도권-지방 격차가 기후대응을 어렵게 만드는 핵심적인 이유는 바로 지방 소멸입니다. 이번 조사에서 보면, 당장 일자리와 산업이 취약한 지방에서는 반反기후 산업이라도 유치하기를 원하고 있습니다. 이미 대부분의 석탄화력발전소 같은 반기후 산업이 지방에 있다는 현실을 생각해보면, 간단치 않은 문제입니다. 기후대응을 잘 하기 위해서는 결국 수도권과 지방의 격차를 줄여야 한다는 결론에 도달합니다. 한편으로는 당장은 전국에서 골고루 지지를 받는 정책들부터 먼저 시작해야 한다는 뜻도 됩니다. 대중교통 확대, 해상풍력발전, 그리고 자원 재활용과 내연기관차 판매 중단에 대해서는 지방에서도 많이 공감했습니다.

어떤 기후 이야기를 어디서 해야만 하는가

이제 각 시도별 특성과 기후 선거구를 설명하겠습니다. 그 내용을 여기서 다 소개할 수는 없습니다만, 전국을 대상으로 한 보고서와 17개 시도를 각각 분석한 보고서가 별도로 작성되어 녹색전환연구소와 로컬에너지랩 홈페이지에 올라와 있습니다.[1] 저희가 어떤 조사를 했고, 보고서를 어떻게 이해해야 좋을지 말씀드리겠습니다.

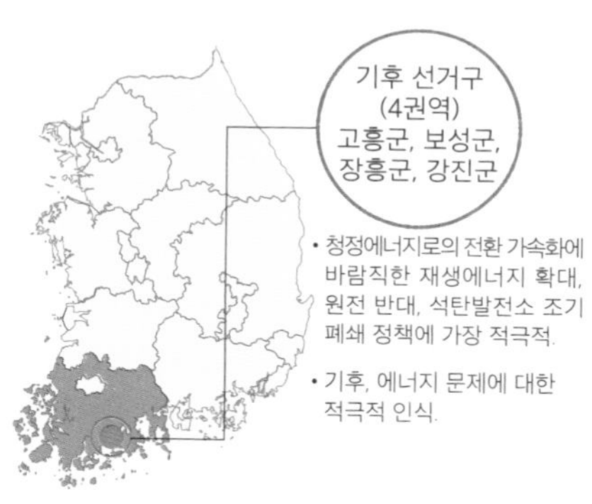

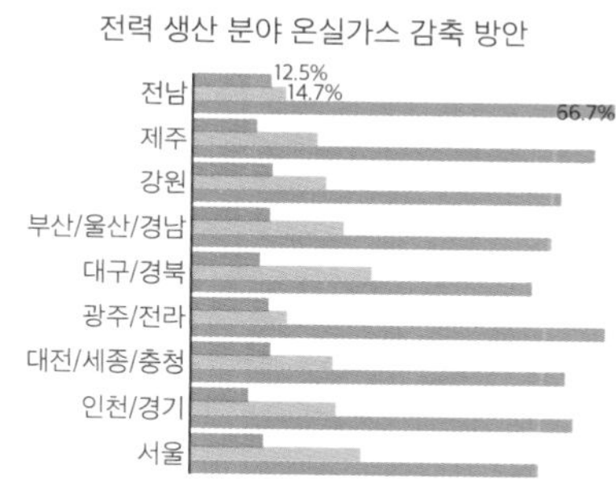

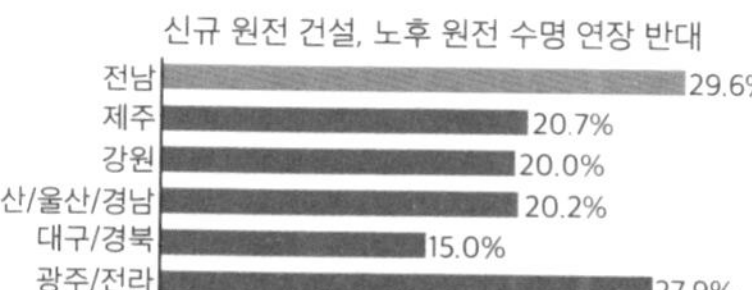

전남의 기후 선거구

1 2023 기후위기 국민 인식 조사 보고서(전국), 기후정치바람(로컬에너지랩, 녹색전환연구소, 더가능연구소), 2024. https://www.localenergy.or.kr/forum/view/1023166
2023 기후위기 국민 인식조사(17개 광역시도), 기후정치바람(로컬에너지랩, 녹색전환연구소, 더가능연구소), 2024. https://www.localenergy.or.kr/forum/view/1001536

우선 기후 유권자가 가장 많은 전남의 기후 선거구는 어디일까요? 고흥군, 보성군, 장흥군, 강진군이 속한 4권역입니다. 이 권역의 특징은 자산 가치와 산업에 기후변화가 미치는 영향을 다른 곳보다 높게 인식하고 있다는 것입니다. 기후 재난이 많이 발생하고 산업적으로 농어촌 지역이라는 특성이 반영된 것으로 보입니다. 반면 재생에너지 발전 목표나 탄소중립 포인트제에 대한 참여 의향은 낮은 편이었습니다. 또 이 지역에서는 남성들은 기후대응이 산업에 미칠 영향에 대해 우려를 많이 하는 반면, 여성들은 매우 긍정적인 태도를 보였습니다. 그러니 전남의 기후 선거구에서는 기후위기의 영향이나 산업 변화에서는 긍정적인 요소에 대한 설득을 여성 농민들에서 시작하는 것도 좋겠습니다. 또 기후위기에 대한 인식은 높기 때문에, 재생에너지에 대한 인식 개선과 탄소중립 정책에 대한 참여 개선 노력이 필요하다고도 볼 수 있습니다.

다음으로 기후 유권자가 많은 서울에서는 요즘 쓰레기 소각장이 이슈인데요, 이와 관련한 질문에서는 48.2퍼센트의 응답자가 '서울시 전체의 생활쓰레기 감량을 위한 계획이 마련되어야 한다'고 답했습니다. 자치구별로 처리해야 한다(24.9퍼센트), 시설이 있는 자치구의 비용을 다른 자치구가 지원해야 한다(18.6퍼센트)는 대안보다 더 근본적인 대안을 시민들은 원하고 있었습니다.

기후 유권자가 가장 많은 곳은 은평, 서대문, 마포였습니다. 조사 결과가 아주 틀리지 않았다고 생각하게 된 것이, 요즘 마포 등의 지역에 소각장 이슈가 있기 때문이었습니다. 또 석탄발전소 폐쇄, 자동차 등록 제한, 온실가스 감축, 컵 보증금제에 대해서도 찬성 의견이 높게 나왔습니다.

남쪽의 대도시인 부산의 경우, 내륙지역인 1권역(사하구·사상구·강서구·북구)에서는 대중교통에 대한 관심도가 상대적으로 높았고, 해안이 위치한 4권역(남구·해운대구·수영구·기장군)은 자연 재난에 대한 두려움이 높았습니다. 같은 부산이라고 하더라도 이렇게 성격이 달랐던 겁니다. 그렇다면 우리가 그 지역에서 제시할 이야기도 달라야 효과가 있겠지요?

저희는 어떤 기후 이야기를 어디서 해야 효과적일지에 대해 성별, 연령, 소득 등의 변수를 놓고 더 자세히 분석하고 있습니다. 예컨대 대구 동성로의 대중교통 전용지구를 해제하려는 대구시의 정책과 관련하여, 동성로가 위치한 중구 지역에서는 이를 반대하는 의견이 높게 나타났습니다. 특히 자영업자들과 젊은 세대의 반대가 강합니다. 그렇다면 이 정책을 과연 대구시가 계속 몰아붙일 수 있을까요? 이 지역에 출마하는 국회의원 후보들은 어떤 내용을 공약해야 할까요? 고민이 좀 되겠지요?

저희는 2024년 조사와 관련해서 추가적인 분석을 계속하고, 그 결과도 공개할 예정입니다. 또 이 조사를 2026년 지방선거와 2027년 대선까지 매년 하려고 합니다. 이 시기에 당선된 정치인들이 우리가 기후위기 대응을 하는 데 정말 중요한 역할을 할 수밖에 없기 때문입니다. 그래서 이 기간 동안 기후 유권자는 계속 늘어날 것인지, 또 어떤 이슈에 반응하는지, 시간이 흐름에 따라서 어떤 변화가 있는지도 더 자세히 들여다볼 겁니다. 저희는 이 조사를 바탕으로 기후 총선의 포문을 열어 2026년 지방선거, 2027년 대선은 반드시 기후 선거로 만들어 보겠다는 포부를 갖고 있습니다. 이제 시작입니다. 여러분께서 많은 응원과 더불어 이 조사 분석에 계속 관심을 보내 준다면 감사하겠습니다.

"선거 시기에, 기후 유권자들은 무엇을 해야 하는가?" 이 질문에 대한 답은 정해져 있다고 생각합니다. 민주주의에서 투표는 조용히 몰래 찍고 오는 것이 아닙니다. 투표 행위만 그렇게 하는 것이지, 투표하기 전까지의 과정은 시끌벅적해야 합니다. 그것이 우리가 선거를 하는 이유이기 때문입니다.

평소에는 사람들이 정치적 의제에 대해 토론하기가 쉽지 않습니다. 각자 생업에 바쁘고, 충분한 정보를 갖기도 어렵고, 토론하는 계기도 마련되지 않지요. 민주주의에서 선거가 중요한 이유는, 그 사회의 가장 중요한 정치적 어젠다에 대해 시민들이 정기적으로 관심을 가지고, 토론하고, 대안을 찾기 위함입니다. 단순히 누군가를 당선시키기 위해서 하는 것이 선거가 아닙니다.

그러면 여러분이 기후 유권자가 되기 위해서는 어떻게 해야 할까요? 그냥 혼자서 열심히 기후에 대해 고민하고 투표하고 오면 될까요? 아니지요. 주변에 열심히 이번 선거의 의제가 무엇인지 이야기하고, 설명하고, 어떻게 투표하자고 이야기를 해야 그 선거가 민주주의에서 의미 있는 선거가 됩니다. 그러니 조용히 혼자 가서 몰래 찍으면 절대 안 됩니다.

Q. 기후위기 대응을 못하는 나라들이 공통적으로 승자독식 선거제도인 병립형 선거제도를 시행하고 있고, 또 생태적으로 위기 해결을 잘하는 나라들은 정당 지지율을 바탕으로 연동형이라는 공정한 선거제도를 시행하고 있다고 합니다. 현재 대한민국 국회는 300석 중 290석을 차지하는 거대 양당이 병립형 선거제도를 도입하려 하고 있습니다. 선거제도와 기후위기 문제 해결에 대해 짧게 말씀해 주세요.

A. 선거제도와 기후위기는 상당히 민감한 관계가 있습니다. 보통 선거에서 뽑히는 후보는 두 가지 대표성에 따라 나뉠 수 있습니다. 하나는 지역의 대표로서 갖는 대표성이 있고, 또 다른 하나는 정당들이 가진 정체성과 이념 성향 등에 따라 사회적 다양성을 반영하는 비례대표가 있습니다.

보통 정치학자들에게 조사를 해 보면 이 두 가지가 조화를 이루는 것이 가장 좋다고 이야기할 것입니다. 왜냐면 지역에서 뽑히는 후보들이 대표성이 분명하고 또 책임성이 높기 때문입니다. 반면에 지역 이익의 합이 항상 국가 전체의 이익이 되지는 않습니다. 특히 외교, 안보, 경제, 산업, 복지, 그리고 인구나 기후 같은 국가적 의제는 특히 거시적 안목과 대표성이 필요하기 때문입니다.

지금 한국의 경우에는 300명의 국회의원 중에서 254명이 지역에서 뽑히고, 비례대표로 뽑히는 의원은 46명에 지나지 않습니다. 그러니 각 당에서 기후 분야를 대표하는 의원들도 겨우 몇 명을 넘기가 어렵습니다. 지역구 의원들이 기후에 관심 두기도 어렵고, 두는 경우가 있어도 이 문제에 전념하기 어렵습니다. 또 지금 수도권-지역 격차처럼 여러 가지 이익이 상충할 때, 국가적인 관점에서 기후, 복지, 일자리, 산업 등을 바라봐야 하는데, 단순히 개별 지역의 이해관계에만 얽혀서는 답이 잘 나오지 않지요.

사실 앞에서 언급했듯 네덜란드처럼 인구와 국회가 작은 나라들, 국회의원 수가 100명 전후인 나라들은 전체를 하나의 선거구로 한다든지, 크게 4~5개 정도로 나눠서 선거하기도 합니다. 그 단위에서 한꺼번에 여러 명의 국회의원을 뽑기도 합니다. 한국처럼 250명이 넘는, 전체 국회에서 보면 75퍼센트 이상의 국회의원을 지역에서 뽑는 나라는 대단히 드뭅니다.

저는 한국의 경우 지역구 국회의원이 200명, 비례대표 의원이 200명 정도 되는 것이 좋다고 봅니다. 각 지역의 이해관계가 국가 이익의 절반 정도를 차지하고, 또 국가적 어젠다를 끌고 갈 수 있는 정치인이 절반 정도는 있어야 합니다. 예를 들면 미국이나 영국처럼 지역구 선거를 기본으로 하는 나라들에는 모두 상원이 있습니다. 또 미국은 우리가 잘 알다시피 연방제 국가입니다. 한국은 단방제 국가이면서도 압도적으로 지역의 이익을 많이 반영하게 돼 있습니다. 그러니 어떤 문제가 생기겠습니까? 국가적 어젠다, 곧 기후위기 같은 이슈를 국회가 다루기가 대단히 어렵습니다.

그래서 우리가 선거제도를 생각하면 머리가 아픈데, 아주 간단하게 생각하시면 지역의 어젠다가 다 모인 것이 바로 국가적 어젠다가 될 수는 없으니, 이 둘을 잘 조화시키자는 것입니다. 이 조화를 어떻게 이룰 것인가 하는 부분이 바로 선거제도에 달려 있습니다. 대체로 정당의 득표율에 맞게 국회의 의석을 나눠 갖는 연동형 선거제도를 시행 중인 나라들, 또 비례대표와 지역구 국회의원이 균형을 이루고 있는 나라들이 복지국가가 많고, 정치의 양극화도 덜하고, 기후위기 대처도 잘합니다.

Q. 유권자 집단, 정당, 언론, 학계, 기후 운동 진영 등 총선을 앞둔 국민에게 하고 싶은 말은 무엇인가요?

A. 두 가지 말씀을 드리고 싶습니다. 정치인은 자기가 듣고 말하는 대로 행동하게 돼 있습니다. 자기가 만나 본 사람의 이야기를 더 잘 듣게 되고요. 또 자기가 어떤 말을 자꾸 하다 보면 그 말에 스스로 동화됩니다. 그래서 자주 그런 말을 시키는 게 도움이 됩니다. 주문을 자꾸 외우면 이루어지듯, 정치도 그렇게 됩니다!

그게 당락에 영향이 있을까, 없을까에 대해서는 고민하실 필요가 없습니다. 후보자의 당선이 확실하다면 더욱 그렇게 해야 합니다. 왜냐하면 선거 기간에 들은 말을 정치인들은 가장 잘 기억하기 때문입니다. 당선된 다음에 가서 얘기하면 귀가 이미 닫혀 있는 경우가 많습니다. 선거 전에는 잘 듣습니다. 귀가 열려 있습니다. 그러니 옆에 가서 계속 얘기해야지요. 그러면 그들의 머릿속에 어느새 입력됩니다. 당선되고 나서도 '아, 그래. 그거 해야지.' 하고 기억합니다. 선거 전의 기간을 잘 활용하기 바랍니다.

또 하나는 기후 유권자가 많았으면 좋겠다는 것입니다. 여러분 주변에 기후 유권자가 몇 명 되지 않는 것 같아서 우려될 수도 있겠지만, 아닙니다. 충분합니다. 100명 중에 70, 80명 필요한 것이 아닙니다. 최근에 미국의 한 연구 결과를 보면, 2020년 미국 대선에서 기후를 고려해서 투표하겠다는 사람이 60퍼센트 정도로 우리 조사와 비슷했습니다. 그리고 최종적으로는 바이든 대통령이 트럼프보다 기후 공약 때문에 3퍼센트를 더 얻었다고 합니다. 그 연구는 이렇게 답을 내리고 있습니다. '3퍼센트는 그렇게 크지 않은 숫자이지만, 바이든이 트럼프를 이기기에는 대단히 충분한 숫자였다.' 결국은 기후위기에 대한 대응 때문에 이겼다는 것입니다.

우리에게는 50~60퍼센트의 표가 필요한 것이 아닙니다. 지난 2020년 21대 총선에서 3퍼센트 안쪽에서 당락이 갈린 곳이 24곳이나 되더군요. (이번 22대 총선에서도 3퍼센트 이내 차이의 지역구가 또 24곳이었습니다) 특히나 수도권의 많은 선거구에서는 5퍼센트 안쪽에서 박빙 승부가 이루어집니다. 그러면 100명 중에 3명이나 5명이면 충분하다는 얘기입니다. '몇 명 되지도 않는데 저 후보가 이 말을 듣겠어?' 하겠지만, 듣습니다. 박빙이거든요. 후보 입장에서는 한 표가 소중합니다. 숫자가 적다고 걱정할 필요가 전혀 없습니다. 100명 중 3명만 얘기해도 저 사람이 '이것 때문에 내가 당선될 수도 있겠다.'라고 생각하게 됩니다. 그러니 '기후 유권자들이여, 자신 있게 행동하라!' 이 말씀을 꼭 드리고 싶습니다.

Q. 마지막으로 한 말씀 해 주신다면?

A. 정치가 해야 할 본래의 일은 권력투쟁이 아닙니다. 그건 수단이나 과정이죠. 지금 정치가 해야 할 일은 한 개인이나 몇 명의 사람들이 해결할 수 없는 기후위기 같은 문제를 다루는 것이죠.

그런데 주객이 전도되었습니다. 지금 한국 사회에 부재하는 것이 정치입니다. 정치가 하는 일이 없고, 정치가 없습니다. 정치가 없어서 정말 걱정입니다. 정치가 있으면 우리가 산업 전환도 하고, 에너지 전환도 하고, 기후위기 대응도 하고, 저출산·고령화 문제도 고민하고, 지방 소멸 문제도 다룰 수 있습니다. 이런 문제들이 최근에 정치에서 다루어진 것을 보신 적 있으신가요? 없지요. 그래서 우리가 요구해야 할 것은 '정치를 하자'는 것입니다. 정치를 미워하는 게 아니라요.

앞서 설명한 조사에서, 국회의원 300명 중에 기후위기 대응을 열심히 하는 국회의원이 몇 명이냐고 물었더니 10명이 안 된다, 20명이 안 된다는 응답이 10퍼센트가 넘게 나왔고, 그보다 많은 국회의원 수를 물은 질문에는 모두 10퍼센트 미만의 응답을 보였습니다. 그런데 그중에 40퍼센트로 1등을 차지한 응답이 있습니다. 그것은 '잘 모르겠다'였습니다.

이렇게 되면 기후위기 해결이 어렵습니다. 적어도 300명 국회의원 중에 기후위기에 관심이 있다고 생각하는 의원이 20명 정도, 최소한 교섭단체를 구성할 수 있을 정도는 있어야 합니다. 그 정도 국회의원은 만들어야 우리가 2030년에 기후위기 대응을 할 수 있습니다. 2026년 지방선거, 2027년 대통령선거, 또 2028년 총선이 또 돌아옵니다. 기후는 정치 없이 해결되지 않습니다. 여러분께서 기후위기에 정치인들이 관심 갖도록 하고, 또 기후문제를 실제로 해결하는 정치를 만들고 싶으시다면, 선거 과정과 투표에서 기후가 의제가 될 수 있도록 함께 노력해 주십시오.

10장

기후위기 시대를 살아가는 법

이유진

2050년 우리가 살아갈 지구

2050년에 우리는 어떤 지구에서 살고 있을까요? 과학자들이 예상했던 것보다 지구 평균기온이 빠르게 오르고 있습니다. 인류는 파리협정에 따라 지구 평균기온 상승을 1.5도씨 이내로 안정화하기로 했습니다. 그런데 세계기상기구(WMO)는 2023년 지구의 평균기온이 174년 만에 최고치를 기록했고, 지구 평균기온이 산업화 이전보다 1.45도씨가 올랐다고 밝혔습니다. 엘니뇨 영향도 있지만 코로나19 이후 화석에너지 소비량이 급속히 늘어났기 때문입니다. 기후위기가 심각하다고 입을 모으지만, 인류의 행보를 보면 마치 끊겨 있는 레일 앞에서 폭주하는 기관차 같습니다.

지난 100여 년 사이에 인류는 유례없는 화석에너지 연소와 온실가스 배출, 지구 평균기온의 상승, 기상이변으로 인한 재난을 다 겪고 있습니다. 우리는 해법도 알고 있습니다. 적어도 1.5도 이내로 안정화할 수 있는 희망의 불씨를 살리려면 2050년 이전에 인류 전체가 대기 중에 이산화탄소를 배출하지 않는 탄소중립 목표를 달성해야 합니다. 탄소중립은 80억 명의 지구 인구가 경제활동을 하면서 이산화탄소를 배출하지 않는 것으로, 인류가 200여 년 이상을 사용해 온 화석에너지에서 완전히 독립해야 함을 의미하지요. 2050년에 우리는 화석에너지 없이 살 수 있을까요?

'2050년에 화석에너지 없이 살 수 있을까?'라는 질문과 '2050년에 어떤 지구에서 살고 있을까?'라는 질문은 연결되어 있습니다. 제가 자주 받는 질문이 "2050년 탄소중립이 가능하기나 한 일인가요?"라는 건데요, 이건 마치 "인류는 화석에너지 없이 살 수 없어, 화석에너지 없이 살자고 하는 것 자체가 불가능한 일이야!"라고 하는 말처럼 들립니다. 하지만 설사 우리가 2050년 탄소중립을 달성하지 못했더라도 우리가 얼마나 탄소중립에 가까이 도달했는가가 중요합니다. 탄소중립은 늦더라도 반드시 도달해야 할 목표입니다. 우리가 탄소중립을 얼마나 달성했는지 여부가 지구 평균온도 상승과 연결되어 있고, 우리가 2050년에 어떤 지구에서 살고 있을지를 결정하게 됩니다. 결국 지금 우리가 얼마나 진심으로 행동하는가가 지구상 모든 생명체의 운명을 결정하는 것이지요.

2050년 탄소중립 감각하기

2024년 기준 한국의 인구는 5,175만여 명입니다. 세계 인구 순위로 29위를 기록하고 있네요. 우리가 탄소중립을 달성한다는 것은 5,000만 정도의 인구가 경제활동을 하고, 대한민국 영토에서 살아가면서 대기 중에 온실가스를 추가로 배출하지 않는 것을 의미합니다. 2018년 우리는 온실가스 7억 2,700만 톤을 배출했는데, 2050년까지 순배출량 0을 만들어야 해요. 탄소중립을 하려면 아예 배출량을 0으로 만들거나 최대한 배출량을 줄이고, 그럼에도 배출하는 양은 흡수하거나 제거해서 순배출을 0으로 만들어야 해요. 이건 정말 엄청난 일이지요.

사실 5,000만 명이 단 하루를 살기 위해 산업 현장에서 일하고, 냉난방하고, 이동하고, 밥을 먹고, 폐기물을 처리하는 이런 과정들이 모두 온실가스 배출로 이어지거든요. 특히 우리나라는 석유, 석탄, 가스와 같은 화석에너지가 차지하는 비중이 1차 에너지의 81.2퍼센트나 됩니다. 앞으로 25년 안에 우리가 사용하는 에너지의 81.2퍼센트나 차지하는 화석에너지 사용을 멈춰야 하는 것이죠. 그럼 사회가 멈추는 것이 아닐까 우려할 만 합니다. 그런데 우리는 이 엄청난 일을 하겠다고 2020년에 국제사회에 약속했습니다. 이런 약속을 한 국가만 149개 국가이고, 지구상 인구의 89퍼센트를 포함하는 규모입니다.[1]

1 Net Zero Tracker, 2024년 5월 기준. https://zerotracker.net/

탄소중립을 선언했으니 어떻게 그 목표를 달성할 수 있는지에 대한 밑그림이 있어야겠지요? 2021년에 한국 정부는 탄소중립 시나리오를 만듭니다. 2050 탄소중립위원회를 만들어 정부와 정부 산하 연구원, 민간 위원, 탄소중립 시민회의를 구성해서 시나리오 작업을 준비했습니다. 2018년 배출량을 기준으로 살펴보면 전력 생산 과정에 해당하는 전환 부문이 37.1퍼센트, 산업 부문 35.8퍼센트, 수송 13.5퍼센트, 건물 5.21퍼센트, 농축 수산 3.4퍼센트, 폐기물 3퍼센트를 차지하고 있습니다. 총 7억 2,700만 톤을 각 부문별로 배출량 0에 가깝게 줄이기 위한 회의를 4개월 동안 진행했습니다. 정부 부처로 보면 산업통상자원부가 전환과 산업 부문을, 국토교통부가 수송과 건물 부문을, 환경부가 폐기물을, 농림축산식품부와 해양수산부가 농축수산 부문에서 최대한 줄일 수 있는 감축량과 감축 수단을 제출했습니다. 당연히 처음부터 배출량이 0에 가깝게 만들어지지는 않았지요. 계속 회의하면서 줄일 수 있는 양과 줄일 방법을 찾아내고 합의했습니다.

시나리오는 A안과 B안 두 가지입니다. A안은 8,000만 톤 수준으로 B안은 1억 1,700만 톤 수준으로 줄이고, 배출한 것을 흡수원과 탄소포집 저장(CCUS)기술을 통해 상쇄하는 방법입니다. 이것은 2018년에 배출했던 양에 비해 배출량을 거의 9분의 1 수준 또는 7분의 1 수준으로 줄여야 한다는 것을 의미합니다. 당연히 A안이 더 달성하기가 어렵겠지요.

2050년 시나리오 A안이 구현되었을 때의 한국 사회를 상상해 봅시다. 우리나라의 모든 석탄발전과 가스발전을 폐쇄합니다. 그래서 전력을 생산할 때 이산화탄소 배출량이 0이 됩니다. 위 그림에서 A안을 보면 2018년 가장 많은 양을 배출하던 파란색 전환 부문이 완전히 사라져 버린 것을 볼 수 있습니다. 대신 2050년에 전체 전력에서 재생에너지가 차지하는 비중은 70.8퍼센트가 됩니다. 우리나라는 제조업 중심의 산업구조여서 산업 부문 배출량이 많습니다. 철강은 탄소계 공정(고로+전로)을 수소환원제철로 100퍼센트 대체하고, 철스크랩 전기로 조강을 확대합니다. 시멘트는 유연탄에서 폐합성수지 등으로 연료를 전환하고 일부 원료는 석회석에서 슬래그 등으로 바꿔야 합니다. 제품을 생산할 때도 온실가스 배출을 의무적으로 줄여야 하지요. 2050년에는 거의 모든 건물이 제로에너지 빌딩이거나 그린 리모델링을 마쳐 에너지 효율이 높은 주택으로 바뀌게 됩니다. 길거리를 달리는 자동차의 97퍼센트가 전기차 아니면 수소차로 바뀝니다. 우리가 먹거리를 생산하는 방식도 바뀌는데요, 농업과 어업에 사용하는 경운기, 이양기, 트랙터, 어선이 전기로 작동하는 방식으로 바뀝니다. 그리고 육식을 줄이는 식생활로 전환하고, 가축 사육 부문의 온실가스 배출을 줄입니다. 폐기물은 발생량을 줄이기 위해 감량, 재사용, 재활용이 정착되겠죠. 숲을 보호해 흡수량을 유지하기 위한 노력도 곳곳에서 벌어질 겁니다.

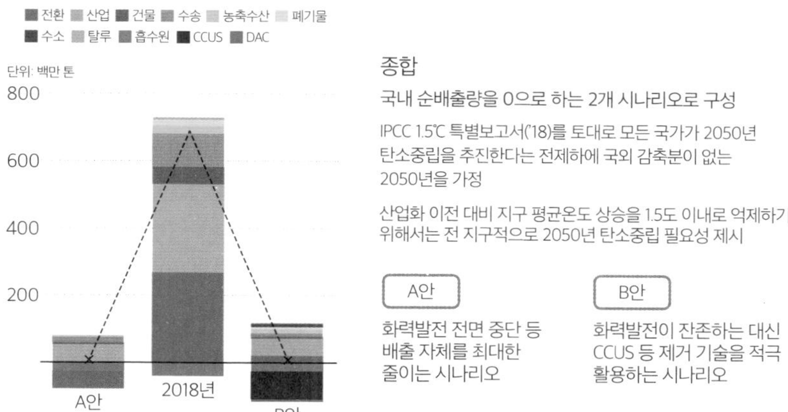

대한민국 2050 탄소중립 시나리오

그런데 30년도 채 안 남은 시간에 우리가 이런 변화를 만들어 낼 수 있을까요? 참 이상하지요? 제가 바로 앞에서는 탄소중립을 달성하느냐 못 하느냐만 있는 것이 아니라 얼마나 최대한 탄소중립에 가까이 가는가가 중요하다고 말했잖아요. 그런데 여러분께 우리가 이걸 할 수 있겠냐고 묻는 것은 모순이죠. 하지만 우리 앞에 놓인 숙제, 탄소중립이란 원래 이런 것 같습니다. 해야 한다는 것을 알면서도, 짧은 시간에 큰 변화를 만들어야 하기 때문에 끊임없이 우리가 할 수 있을까를 되묻게 되는 것 말입니다. 이런 질문 속에서 탄소중립의 어려움을 알게 되고, 그 어려움을 직면해야 해법도 찾을 수 있는 것 같습니다. 탄소중립이 개인적인 실천이나 캠페인이 아닌 한 사회와 국가의 경제·사회 시스템을 완전히 전환하는 일이라는 것을 알게 될 때 변화가 시작될 것입니다.

오늘의 실행과 정의로운 전환

그럼 한국 사회는 기후위기 대응을 위한 탄소중립 목표 달성을 위해 얼마나 노력하고 있나요? 사실 2050년보다 시급한 것은 2030년의 목표 달성입니다. 국제사회는 2050년 탄소중립을 위한 중간 목표로 2030년 목표를 설정했습니다. 우리나라는 2018년 대비 40퍼센트를 감축해 2030년 순배출량을 4억 3,600만 톤으로 줄이겠다고 발표했습니다. 목표를 달성하기 위해 정부가 수립한 굵직한 실행 방법을 살펴보면 2030년까지 석탄발전소 18개를 폐쇄하고, 재생에너지는 72.7GW를 보급하고, 전기차가 450만 대가 되어야 하며, 160만 건의 그린 리모델링을 진행해야 합니다. 2024년을 기준으로 그 목표를 달성하려면 매년 6GW의 재생에너지 설치와 57만 대의 전기차 보급, 21만 건의 그린 리모델링을 해야 하는데, 현재 한국 사회에서 그런 변화가 현실에서 벌어지고 있지 않습니다. 그래서 일상을 살아가는 시민들이 “아! 우리가 기후위기에 대응해 온실가스를 줄이고 있구나.”라고 체감하는 것은 거의 불가능합니다.

그런데 막상 그런 변화가 현재진행형이라고 했을 때, 생각해야 할 부분이 있습니다. 석탄발전소가 폐쇄되면 발전소에서 일하던 사람은 어떻게 되는 것일까요? 자동차가 빠르게 전기차로 전환된다면 내연기관 자동차 부품 생산 관련 기업의 노동자와 주유소, 정비업체 중에서는 문을 닫는 곳이 늘어나게 될 것입니다. 사람들의 일자리와 경제가 변하는데, 화석에너지에 기반을 둔 일자리는 줄어들고, 온실가스 저감과 관련한 일자리는 늘어나게 됩니다. 아예 없어지는 일자리도 있고, 완전히 새로 생기는 일자리도 있습니다. 탄소중립이 주는 충격은 개인이나 업종에 따라 다르게 나타납니다. 그래서 사회적 충격에 대비한 안전망을 갖춰야 합니다. 누구도 배제되지 않는 정의로운 전환 대책을 수립해야 하지요.

우리나라는 제28차 유엔기후변화협약 당사국 총회에서 '오늘의 화석상'을 수상합니다. 오늘의 화석상은 기후행동네트워크Climate Action Network-International가 당사국 총회 기간 중에 기후 협상의 진전을 막기 위해 '최선'을 다한 나라들에 날마다 1~3위를 선정해 수여하는 상입니다. 1999년부터 수여를 해 왔는데 한국의 수상은 처음이었습니다. 우리나라가 이 상을 받은 것은 매우 상징적인데요, 이제 한국이 기후위기의 책임을 져야 한다는 것을 보여 주는 사례입니다. 교토의정서 체제에서 개도국 지위를 주장하면서 의무 감축 대상에서 벗어날 수 있었지만, 이제는 선진국이자 온실가스 배출의 역사적인 책임에서도 자유로울 수 없다는 것을 의미하는 것이죠.

한국 사회의 기후위기 대응을 가로막는 장벽

우리 사회에 기후위기 대응을 가로막는 장벽은 높고, 고려해야 할 요소도 다양합니다. 그건 비단 우리 사회의 문제라기보다는 기후위기라는 문제 자체가 가지고 있는 특성과도 연결될 것 같습니다. 먼저 2050년, 2030년과 같이 목표 지점이 멀리 있는 것처럼 보이기 때문에 지금 당장의 일로 여겨지지 않은 '시간'에 대한 장벽이 있습니다. 그러다 보니 해야 할 일을 뒤로 미루게 되는 거죠. 정부 또는 정치인들은 '내 임기만 넘어가면 돼.'라고, 기업을 책임지는 경영인들은 '기후위기 대응에 돈을 투자할 시간이 없어, 내 임기 안에 수익을 내야 해.'라고 생각하기 쉽다는 겁니다. 결국, 사회가 기후위기의 심각성을 인지해야 합니다. 장기적인 목표 아래 지금 비용이 들고, 수익이 나지 않더라도 자원을 먼저 투입하도록 지도자의 생각이 바뀌고, 사회의 우선순위가 바뀌어야 합니다. 그러려면 바로 '기후위기 대응을 우선순위로' 두고 생각하고 행동하는 사람들이 많아져야 합니다.

시간이 갈수록 기후위기 대응에 더 많은 자원이 들어가게 되는데요, 자원에는 '인력'도 있습니다. 우리나라는 특히 문제를 해결하기 위해 필요한 인력에 대해 주목해야 합니다. 세계에서 유례없을 정도로 빠른 고령화가 우리나라에서 진행되고 있습니다. 2030년이면 국민의 절반 이상이 50대 이상이고, 그 절반의 절반은 65세 이상이 됩니다. 고령화사회에서는 부양비가 들기도 하지만 사회적인 변화를 견인해 낼 역동성과 충격을 흡수할 수 있는 회복력이 떨어집니다. 그래서 지금이 기후위기에 대응할 에너지가 가장 많은 시간이고 대응 역량도 가장 충분한 때라는 것을 강조하고 싶습니다. 시간이 갈수록 문제는 더 커지고, 대응 역량도 줄어듭니다.

탄소중립 목표를 달성하는 데에는 다양한 '수단'이 있는데요. 유독 한국 정부는 엉뚱한 방향으로 가고 있습니다. 정부의 기후위기 대응은 원전과 천연가스에 기반한 수소와 암모니아로 석탄발전과 가스발전 인프라를 유지하는 방향으로 가고 있습니다. 정부는 2030년까지 석탄발전소 43기 중 24기에 암모니아 20퍼센트 혼소를 목표로 하고 있습니다. 이것은 석탄발전소를 지속하겠다는 뜻입니다. 경쟁력 있고 단기간에 온실가스를 줄일 수 있는 재생에너지 대신, 그레이수소, 암모니아, 탄소포집 저장기술 등 잘못된 해법에 집중하고 있는 것이지요. 특히 원자력발전과 소형모듈원전(SMR)에 대한 정책은 큰 문제입니다. 무엇보다 원전은 단기간에 급격히 온실가스를 줄여야 하는 목표에 적합하지 않습니다. 《뉴욕타임스》 칼럼니스트 파하드 만주Farhad Manjoo는 "기후 비상사태에 원자력발전으로 대응하는 것은 나무늘보에게 불난 집의 불을 끄라고 하는 것과 같다."라고 표현한 바 있습니다. 원전은 너무 느리고, 훨씬 비싸기 때문에 이미 재생에너지나 배터리 같은 더 싸고, 빠르고, 유연한 전력 기술 대안이 있는 상황에서 굳이 확대할 이유가 없다는 겁니다.

탄소중립을 하려면 '재원'이 필요합니다. 정부도 기업도 탄소중립에 들어가는 비용을 여전히 부담으로 여기고 투입하는 것을 꺼립니다. 우리나라가 2030년 온실가스 감축 목표 달성을 위해 쏟는 재원은 우리가 감축해야 하는 온실가스량에 비해 턱없이 부족합니다. 사실상 지금 예산을 투입하고 기업이 돈을 쓰는 것이 기후 재난으로 인한 피해를 줄일 방안인데 말입니다. 녹색전환연구소, 더가능연구소, 로컬에너지랩이 국민 1만 7,000명을 대상으로 설문 조사 한 결과, 기후위기 대응을 위한 재원 마련 방법에 대해 "상품에 탄소를 매기는 탄소세를 신설해서"라는 응답이 37.8퍼센트로 가장 많았으며, 그다음으로 "고소득자의 부유세를 신설해서"가 29.6퍼센트, "기업의 법인세를 인상해서"가 21.3퍼센트, "개인들의 소득세를 인상해서"가 2.3퍼센트 순으로 나타났습니다. 이렇듯 탄소세 신설에 대한 지지가 높게 나타났습니다. 그리고 기후위기 대응을 위해 공공요금과 공과금에 탄소 배출량에 따른 비용을 부과하자는 제안에, "찬성한다"라는 응답은 65.5퍼센트("매우" 10.0퍼센트, "어느 정도" 55.4퍼센트), "반대한다"라는 응답은 26.7퍼센트("매우" 8.4퍼센트, "어느 정도" 18.3퍼센트)로 나타났는데, 3명 중 2명 가까이 "찬성한다"에 응답했습니다. 시민들의 인식 조사가 이렇게 나왔다면 정부에서도 탄소세나 추가 재원 마련 방안을 추진할 때가 되지 않았나 하는 생각도 듭니다.

탄소중립은 대한민국 국토라는 '공간'에서 실행됩니다. 그래서 탄소중립이 실현될 한국 사회의 공간 구조를 미리 고민해야 하는데요, 현재 서울과 수도권은 비대해지고, 지방은 빠르게 인구가 줄고 경제적인 활력을 잃어 가고 있습니다. 투자도, 교통도, 산업 설비도 서울과 경기도에 집중되고 있고, 폐기물 처리장 같은 환경 유해 시설이 농촌으로 파고들고 있습니다. 그러면 농촌의 삶은 더욱 피폐해집니다. 각각의 지역에서 개발에 대한 기대로 너도나도 공항 건설을 추진하고 있는데, 그렇게 추진하는 공항이 10여 개에 달합니다. 코로나19 이후 교통이 줄어 지역 간에 버스 운영 간격이 줄었는데, 코로나 팬데믹이 끝난 후에도 복구되지 않아 버스편이 줄고, 버스 정류장은 하나둘 폐쇄되고 있습니다. 버스 정류장이 폐쇄되면 사람들의 이동은 더 줄어들고, 다른 지역과의 네트워크는 더 어려워지는 상황이 됩니다. 참 아이러니하지요? 공항은 10여 개를 짓는데, 바로 읍내에 나갈 버스는 사라지고 있으니 말입니다. 탄소중립을 선언한 나라에서 신규 공항을 10여 개를 지어도 되는가에 대한 질문에서부터 정부와 지역의 한정된 재원을 어디에, 누구를 위해 투입할 것인가에 대한 방향을 잡아야 합니다

지금까지 탄소중립을 달성하면서 고려해야 할 '시간', '사람', '방법', '재원', '공간'에 대해 이야기했습니다. 그렇다면 이러한 요소들을 고려해 우리는 어떤 대안과 행동을 만들어야 할까요? 녹색전환연구소는 국가의 전환, 기업의 전환, 지역의 전환, 그리고 삶의 전환처럼 전환에 대한 키워드로 여러 연구를 하고 있습니다. 저는 다섯 가지 행동을 제안하려 합니다.

국가의 전환 -
시민이 만드는 2050 탄소중립 시나리오

행동 제안 첫 번째는 국가의 전환입니다. 기후위기 대응을 위한 탄소중립은 개인 차원의 실천을 넘어 정부가 규모 있는 재원 투입과 제도 개선을 통해 견인해야 합니다. 그러나 정부의 변화를 만들어 내는 것도 시민의 힘입니다. 우리는 2021년에 2050 탄소중립 시나리오를 만들었습니다. 그런데 이 시나리오 작업에 참여한 사람이 몇 명이나 될까요? 이렇게 복잡한 수치로 가득한 시나리오를 읽고, 실제 우리 사회가 어떤 방향으로 바뀌어야 한다는 것을 염두에 두고 살아가는 사람들은 몇 명이나 될까요?

2023년에 독일의 에너지 전환 현장을 답사하고 저는 깜짝 놀랐습니다. 농촌 마을의 농부에서부터 호텔 주인, 베를린 시의회 의원, 마을 주민까지 탄소중립 목표를 달성하려면 지금 독일인들이 사용하는 에너지 형태와 종류, 시스템이 앞으로 어떻게 바뀔지, 그래서 다음 설비 교체는 얼마의 비용을 들여 어떻게 준비해야 할지를 염두에 두고 생활하고 있었습니다. 2045년까지 탄소중립을 위해 만들어야 할 사회를 그려 놓고, 시간을 역으로 거슬러 지금부터 무엇을 해야 하는지 생각하고 행동에 옮기는 백캐스팅 backcasting 방식이 시민들의 삶에도 스며들었다는 것을 의미합니다.

2050년 탄소중립 사회가 되면 우리는 어떤 사회에서 살고 있을까요? 어떤 사회를 만들어야 할까요? 그 사회를 만들기 위해 지금 무엇을 해야 할까요? 결국은 우리가 만들어 갈 세상에 대해서 그림을 같이 그리고, 그 세상을 구현하기 위해 무엇을 해야 하는지를 감각하는 이들이 많아져야 합니다. 그래서 지금부터라도 시민들과 함께 2050년 기후위기에 대응하는 탄소 중립 사회를 우리가 어떻게 만들어 갈지를 이야기해 봅시다. 정부가 만든 탄소 중립 시나리오도 있지만, 시민들이 상상력을 발휘해서 만드는 탄소중립 시나리오가 있었으면 합니다. 저널리스트이자 작가 나오미 클라인이 이야기한 것처럼 기후위기 대응은 "모든 것의 전환"을 의미하고, 따라서 탄소중립은 기존 관성을 넘어서는 실험, 과감한 상상력을 발휘해야 가능한 일입니다. '탄소중립'과 '좋은 삶'을 살 수 있는 사회, 둘 다 포기하지 않으려면 다양한 시민들의 상상력이 필요합니다. 전문가들은 기술적인 접근과 데이터를 기반으로 탄소중립 사회를 정량적으로 접근합니다. 하지만 시민들이 오히려 더 놀라운 대안을 제시할 수도 있습니다. 탄소중립은 삶의 방식을 바꾸는 일이기도 하니까요. 시민들이 자발적인 자원과 인력을 모아 2~3년 정도 기간을 잡고 2050 탄소중립 시나리오 작업을 시작해 보는 것은 어떨까 싶습니다. 경제, 산업, 일자리, 돌봄, 농업, 도시, 존엄성, 다양성 등 모든 영역을 포괄하는 우리가 살고 싶은 미래에 대한 그림을 그려보면 좋겠습니다. 그렇게 하려면 정부가 2021년에 만든 탄소중립시나리오를 학교나 기업, 시민 모임에서 함께 읽고 토론하는 시간과 공간을 많이 만들어야겠습니다.

시민이 만드는 탄소중립 계획이라는 장기 비전이 있다면, 단기적으로는 정부와 기업으로 하여금 끊임없이 온실가스 감축 목표를 수립하고 지키도록 해야겠지요. 구체적으로 이행평가 결과 보고서를 들여다보면서 약속을 지켰는지 살펴야 합니다. 2023년부터 정부는 '탄소중립·녹색성장 이행평가 보고서'를 작성해서 발표하고 있고, 유럽연합에서도 2년마다 각국의 2030년 온실가스 감축 목표 달성에 대한 보고서를 공개하고 있습니다.

에너지 전환 -
에너지 수요 관리와 재생에너지 확대

행동 제안 두 번째는 에너지 전환입니다. 온실가스 배출은 주로 화석에너지 연소에서 발생하기 때문에 화석에너지 사회에서 벗어나야 합니다. 우리가 석유, 석탄, 가스 없이 살아가려면 어떤 에너지 시스템을 만들어야 할까요? 일단 2050 탄소중립 사회의 에너지 시스템을 머릿속에 한 번 그려 볼까요?

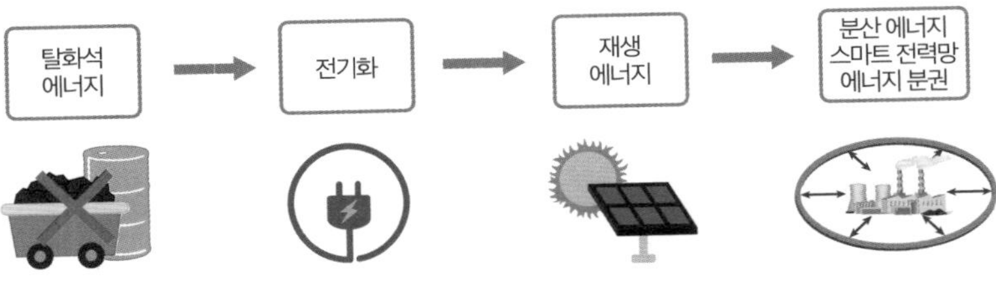

탄소중립 사회의 에너지 시스템

핵심어는 에너지의 탈탄소화와 전기화입니다. 석유, 석탄, 가스가 하던 역할을 전기가 하게 됩니다. 내연기관 자동차가 전기차로 바뀌는 것처럼 농기계도 전기를 사용하고, 디젤 어선은 전기 어선으로, 또 산업 단지에서 사용하는 에너지도 전기로 전환합니다. 전기가 화석에너지를 대신하면 단연히 전력 소비량은 늘어나겠지요. 우리나라의 2021년 총 전력 소비량이 576TWh(테라와트시)였는데, 2050년에 늘어나게 될 전력 수요는 1,208~1,257TWh로 추산합니다. 늘어나는 전력 수요를 감당하기 위한 발전소를 추가로 지어야 하는데, 탄소중립 시나리오 A안은 2050년 전체 전력의 70.8퍼센트를 재생에너지가 생산하는 것으로 설정했습니다. 재생에너지는 태양, 바람, 물, 지열 등 곳곳에서 생산할 수 있고, 대기오염 물질과 이산화탄소를 배출하지 않습니다. 하지만 에너지밀도가 낮고, 넓은 면적이 필요하며, 태양은 낮에만, 풍력은 바람이 불 때에만 에너지를 생산하기 때문에 변동성이 크지요. 전기는 생산과 소비가 균형을 이뤄 일정 주파수가 유지되어야 합니다. 생산과 소비 균형이 깨지면 주파수가 규정 범위를 넘나들게 되고, 전력망에 무리가 갑니다. 이처럼 변동성이 심한 재생에너지가 많아지면 전력 생산량을 예측하거나 관리하기가 어려워지는데요, 이를 해결하기 위해 지능형 전력망을 구축하고, 저장 장치, 남는 전기를 열이나 가스로 변환해서 사용할 수 있도록 하는 섹터 커플링sector coupling 기술을 활용합니다.

우리가 어떤 에너지 시스템을 만들 것인지를 구상하고, 그 시스템을 만들기 위해 당면한 문제를 하나하나 해결해 나가야만 목표에 닿을 수 있습니다. 그러나 안타깝게도 우리는 몇 년째 원전과 태양광 논의를 하고 있습니다. 논의를 거듭하다 보니 '이건 피할 수 없다, 해야 한다'는 생각이 들었습니다. 실제로 재생에너지 전환이 얼마나 빠른 속도로 진전하고 있는지, 정말 원자력이 기후위기의 대안이 될 수 있는지를 제대로 토론해야 합니다. 동시에 논쟁하지 않아도 누구나 알고 있는 해법이 있습니다. 탄소중립 사회를 만들기 위한 확실한 방법은 에너지 소비를 줄이고 재생에너지를 빠르게 늘리는 것입니다. 석탄발전소를 폐쇄하면 그 자리를 효율을 개선할 수 있는 재생에너지가 채워야 하지요. 독일 정부는 2030년 전력 중 재생에너지 비중 80퍼센트 달성을 목표로 합니다. 영국의 목표는 70퍼센트입니다. 현재 우리나라는 OECD 국가 중에서 전력 중 재생에너지 비중이 가장 낮습니다. 게다가 2030년의 목표도 21.6퍼센트밖에 되지 않아 이대로라면 에너지 전환 분야에서는 더욱 뒤처지게 됩니다. 정부가 재생에너지를 확대하도록 촉구하는 것과 동시에 시민들도 태양광 발전기를 설치하는데 함께하는 것이 필요합니다. 도시의 건물이나 공공 공간 지붕, 베란다, 주차장 등 어디서든 태양으로 전기를 생산할 수 있습니다. 직접 설치할 수 없다면 태양광협동조합에 가입하는 것만으로도 변화를 만들어 낼 수 있습니다.

산업 전환과 녹색일자리 -
우리는 지구를 파괴하지 않는 일자리를 원한다

행동 제안 세 번째는 산업 전환과 녹색일자리입니다. 녹색일자리는 지속 가능한 탄소중립 사회경제 이행에 기여할 수 있는 일자리를 말합니다. 유럽노동조합 지도자들은 "파괴된 지구에서는 일자리도 없다"는 메시지를 통해 노동조합도 기후위기 대응의 주체라는 점을 강조하면서, 동시에 노동자가 일할 수 있는 권리를 보장할 것을 요구하고 있습니다. 미국의 기후 운동 단체 선라이즈무브먼트도 "우리는 지구를 파괴하지 않는 일자리를 원한다"라고 외치고 있습니다. 우리의 노동이 매일 대기 중에 온실가스를 배출하지 않도록 산업 자체를 탈탄소화하거나 탈탄소화를 촉진할 수 있는 산업으로 전환해야 합니다.

전 세계가 2050년 탄소중립을 향해 나아갈 때 가장 큰 산업과 시장은 바로 에너지 전환 영역입니다. 에너지 효율을 높이고, 재생에너지를 계획, 설치, 운영하는 전 과정에서 많은 일자리가 만들어질 수 있습니다. 녹색산업으로의 전환은 에너지뿐만이 아니라 건물, 수송, 자원 순환, 생물 다양성 보호 등 여러 영역에서 만들 수 있습니다. 지역에서도 공항이나 출렁다리, 케이블카와 같은 좌초 자산에 예산을 낭비할 것이 아니라 지금 시민들에게 필요한 에너지, 폭염과 한파를 견딜 수 있는 집, 공공 교통, 지역 먹거리, 돌봄 체계 구축 등 기후위기 시대에 감축과 적응을 연결하는 지역 일자리를 만들어야 하겠습니다.

정치의 전환 –
기후 시민이 만드는 기후 정치

행동 제안 네 번째는 정치의 전환입니다. 정치는 사회가 직면한 문제를 함께 풀어가는 과정을 의미하고, 문제 해결을 위해 자원을 어떻게, 얼마나, 어디에 사용할지를 합의해 나가는 과정입니다. 따라서 기후 정치는 한국 사회가 기후위기를 막는 일을 얼마나 중요한 일로 여겨 자원을 투입해 해결해 나갈 것인가를 합의하고, 실제로 문제를 해결하는 것을 의미하죠. 기후위기로 인해 재난을 입는 피해자가 생기고, 기후위기를 막기 위한 탄소중립 과정에서도 충격을 받는 시민들이 등장하고 있습니다. 기후위기가 초래할 사회적 약자에 대한 충격과 불평등에 집중해 안전망을 만드는 것이 기후정치의 중요한 역할입니다.

2022년, 수도권에 갑자기 쏟아진 폭우에 서울 관악구에서 다세대주택의 반지하에 살던 일가족 세 명이 집 안에 고립돼 사망하는 일이 일어났습니다. 너무나 충격적이었기에 당시 대통령과 서울시장을 포함한 정치인들이 현장을 찾았고, 서울시장은 반지하를 없애겠다고 약속했습니다. 문제는 도대체 반지하에 몇 명이나 사는지, 왜 반지하에 살 수밖에 없는지에 대한 실태조차 파악하지 못하고 있던 것입니다. 당시 KBS 기자의 보도 내용으로는 우리나라에서 반지하 거주 인구는 59만 9,000명이고, 서울에서만 35만 5,000명이 살고 있으며, 거주자의 특징은 주로 고령층, 1인 가구, 그리고 장애인으로 나타났습니다.[2] 집값이 비싼 서울에서 가난한 사회적 약자들이 주거지로 선택할 수 있는 공간이 반지하였던 것입니다.

2 계현우 기자. '[반지하 전수분석] 60만 명이 지하에 산다…'고령·혼자·장애인' 비중 높아', KBS뉴스, 2022. 09. 19. https://news.kbs.co.kr/news/pc/view/view.do?ncd=5558836

반지하를 없애겠다고 했던 서울시장의 약속이 흐릿하게 사람들의 기억 속에서 사라질 때쯤 서울시 성동구는 15개월에 걸친 반지하 전수조사와 대책을 수립해 위험하다고 판단되는 반지하 주택의 수가 0이 되었다는 사실을 발표했습니다. 성동구에선 관내 반지하 주택 4,777호를 전수조사했고, 총 2,164가구에 최소 1종 이상의 침수·화재 방지시설을 설치했습니다. 전수조사 결과 가장 위험해 시급히 대책이 필요하다고 판단된 12가구 중 10가구는 대대적인 보강 작업을 했고, 2가구는 인근의 다른 집으로 이사를 하도록 지원했으며, 비어 버린 두 집은 성동구가 임대해 리모델링 후 공공 공간으로 사용하고 있습니다. 2022년 신림동 사고 이후, 반지하에 거주하는 시민들은 장마철 비가 쏟아질 때마다 불안감이 커진다고 이야기합니다. 기후위기 시대에 안전하고, 폭염과 한파를 잘 견딜 수 있는 주택을 지원하는 것이 기후 정치의 역할이 아닐까요? 성동구는 전국 최초로 '위험거처 개선 및 지원에 관한 조례'를 만들었습니다. 이 조례는 집이 집으로서 갖춰야 할 최소한의 기준을 지킬 수 있도록 제도화한 것입니다. 우리가 가진 자원과 시간을 이렇게 쓸 수도 있습니다.

22대 총선에서는 기후 유권자가 등장하면서 기후위기가 본격 의제로 등장했습니다. 원내 정당이 모두 10대 공약에 기후 공약을 포함했고, 기후위기 해결을 내건 후보를 인재로 영입하기도 했습니다. 문제는 기후 의제가 등장은 했지만 쟁점 의제는 되지 못했습니다. 그래서 각 당의 기후 공약이 어떤 차별점이 있는지, 어떤 공약이 실제 기후위기를 해결하는 데 더 나은 대안이 될 수 있는지에 대한 깊이 있는 토론은 이루어지지 못했습니다. 또 원내 모든 정당이 기후위기 대응을 10대 공약으로 제시했지만, 지역구 공약에서는 재개발과 재건축, 규제 완화, 철도와 고속도로 지하화, 공항 등 온실가스를 대량으로 배출하는 개발 공약이 대부분이었습니다. 기후 유권자는 존재하는데, 유권자가 신뢰하고 표를 던질 마땅한 정치인이 없다는 것을 확인했습니다.

기후 공약은 개발 공약과 나란히 제시할 수 있는 수많은 공약 중 하나가 아닙니다. 기후위기 대응은 모든 공약과 연결됩니다. 산업, 주거, 이동, 폐기물 관리, 도시계획, 인프라 등 모든 공약에 기후위기 대응의 관점이 연결되어 있어야 합니다. 그렇게 해야 한쪽에서는 기후위기를 말하면서, 다른 한편으로 무분별한 개발공약을 제시하는 모순을 줄일 수 있습니다. 그리고 기후위기를 시대정신으로 인식하는 정치인을 뽑을 수 있다면 좋겠지만 그럴 수 없다면 만들어 가야 합니다. 정치인에게 기후위기에 대해 질문하고, 기후위기를 그들이 해결해야 할 과제로 여기도록 유권자가 만들어야 합니다. 1.5도 마지노선을 넘어가기까지 우리에게 주어진 시간은 많지 않습니다. 기후 정치를 만드는 것은 기후시민입니다.

그동안 우리가 자금을 잘못 사용한 곳들, 예를 들면 너무나 많은 개발 사업, 공항이나 석탄발전소 이런 것들이 다 좌초 자산이고 좌초 인프라입니다. 그 자금을 기후위기 대응으로 돌려야 합니다. 그런데 관성이 계속 유지되지 않습니까? 이 관성을 멈추고 전환을 하기 위해서는 결집된 힘이 필요합니다. 우리가 정말 해결해야 할 기후위기, 인구 위기, 우리의 삶, 우리의 교육, 우리가 살 집과 같이 정말 우리에게 간절히 필요한 것들을 정치 의제화하고, 그 문제를 푸는 데 집중해야 합니다.

삶의 전환 -
1.5도 라이프스타일로 바꾸자

마지막 행동 제안은 삶의 전환입니다. 기후위기에 대한 강연을 마치면 "그래서 우리가 무엇을 실천해야 하나요? 내가 당장 어떻게 하면 되나요?"라는 질문을 많이 받습니다. 저는 한때 개인의 행동도 중요하지만, 정치와 경제와 제도가 바뀌는 게 중요하다고 답을 했습니다. 그런데 시간이 갈수록 시민들은 당장 생활에서 실천할 수 있는 구체적인 행동에 대한 정보도 원한다는 것을 깨달았습니다. 그런데 이런 개인의 실천과 제도 변화를 연결해 변화를 만들어 낼 수 있는 도구가 있습니다. 바로 '1.5도 라이프스타일'입니다.

2018년 IPCC는 산업화 시대 대비 지구 평균기온 1.5도 이하 안정화가 인류의 목표가 되어야 한다고 기준선을 제시했습니다. 이 목표를 달성하려면 2030년까지 전 세계 기준으로 온실가스 배출을 2010년 대비 45퍼센트 이상 줄이고, 개인 기준으로는 1인당 배출량을 2.5톤 수준으로 줄여야 합니다. 현재 한국인은 1인당 약 12톤을 배출하고 있으므로, 2030년까지 한국 자체 목표 기준으로는 6톤까지, 글로벌 기준으로는 2.5톤까지 줄여야 합니다. 이렇게 배출 한도를 정해 놓고, 주거, 이동, 여가, 소비까지 배출량을 측정하고, 이를 줄이기 위해 실천하는 활동입니다. 녹색전환연구소는 1.5도씨 라이프스타일 계산기를 개발해서 시민들에게 공개하고 있습니다.[3]

3 https://15lifestyle.or.kr/

현재 환경부나 지자체에서 다양한 탄소 마일리지를 운영하고 있습니다. 개인이 탄소 배출량을 줄이면 인센티브를 주는 것입니다. 시민들의 온실가스 감축을 유도하기 위한 정책입니다. 그런데 단순한 인센티브만으로는 사회적 변화와 연결하기 어렵습니다. 1.5도씨 라이프스타일은 개인적인 실천에 대해 제도적인 변화를 끌어내기 위한 대안으로 만들 수 있습니다. 공급만이 아니라 개개인의 소비 측면에서 접근해 우리의 이동, 집, 먹거리 등이 1.5도 라이프스타일 안에 포함되게끔 하기 위해 우리는 어떻게 삶의 방식과 그에 대한 사회, 제도, 시스템이 바뀌어야 하는지를 도출할 수 있습니다. 우리가 분리수거도 하고, 동시에 기업이 플라스틱을 사용하지 않도록 만들어야 하는 것처럼 말입니다. 라이프스타일을 바꾸는 것은 1.5도 라이프스타일 연구와 같은 과학적 지식과 함께 정치적 행동, 사회적 변화와의 결합을 통해서 가능할 것입니다.

녹색전환연구소에서 2023년 시민 1만 7,000명을 대상으로 기후 정치 설문조사를 한 결과 기후대응 행동 의지에 대한 답이 매우 흥미롭습니다. 탄소중립 포인트제 참여에 "매우 의지가 있다"고 답한 의견이 23퍼센트, 온실가스 감축을 위한 육류 소비 감축에 "완전히 줄일 의향이다"가 8.6퍼센트, 거주 공간 내 태양광 설치 의향에 "매우 의향 있다"가 11.5퍼센트, 비행기 이용 횟수 감축 의향에 "매우 의향 있다"가 11.3퍼센트였습니다. 또한 다음 차량 구매 계획에 대한 질문에 "구매하지 않는다"는 답변이 19.7퍼센트, "전기차"가 37.8퍼센트, "내연기관차"가 12.2퍼센트로 나타났습니다. 설문조사 결과를 보면 시민 10명 중 1명은 기후위기 대응의 실천에 매우 강력한 행동 의지를 가진 것으로 나타납니다. 지역에서 시민들을 만나다 보면, 본인은 기후행동 실천에 관심이 높은데 주변에서 "유별나다", 또는 "까다롭다"라는 이야기를 들어 행동을 주저하게 된다는 말을 하는 분도 많으십니다. 1.5도 라이프스타일은 사회적 분위기를 조성하는 방법이기도 합니다. 1.5도 라이프스타일로 바꾸는 것은 생태적이기 때문만이 아니라 '우리 이웃들도 그렇게 하기 때문에' 즉 행동하는 사람들이 많으니 자연스럽게 함께하는 사회를 만들 수 있는 방법입니다.

인간의 경제활동은 지구 평균기온을 상승시킬 정도로 생태계에 충격을 주고 있습니다. 그리고 이렇게 지구의 평균기온이 상승하는 데 미치는 영향은 앞으로 우리의 행동에 달렸습니다. 한 개인의 경제행위나 삶의 방식에 따라 배출량 차이가 크고, 세대 간의 차이도 큽니다. 앞으로 10년 이내 인류의 행보가 지구의 평균기온 상승에 미칠 영향이 절대적인데요. 오늘 지구에서 태어난 아기가 청년이 되었을 때 기온이 얼마나 되는 지구에서 살아가게 될 것인지는 오늘의 어른들에게 달려 있습니다. 우리는 편리함과 성장을 맹목적으로 추구해 온 경로에서 스스로 벗어나는 첫 세대가 되어야 합니다. 인도 속담에 '최고의 시간은 이미 지났고, 두 번째로 좋은 시간은 지금이다. 우리는 지금 행동해야 한다.'라는 말이 있습니다. 지금이 바로 두 번째로 좋은 시간입니다.

북트리거 일반 도서

북트리거 청소년 도서

기후, 기회

파국의 시대에 맞서기 위한 기후 전망과 전략

1판 1쇄 발행일 2024년 7월 10일

지은이 김병권 김승완 김용범 배보람 이관후 이유진 조천호 지현영 채수미 최재천
엮은이 녹색전환연구소
펴낸이 권준구
펴낸곳 (주)지학사

편집장 김지영
편집 공승현 명준성 원동민
책임편집 공승현
인포그래픽 김상준
디자인 정은경디자인
마케팅 송성만 손정빈 윤술옥
제작 김현정 이진형 강석준 오지형

등록 2017년 2월 9일(제2017-000034호)
주소 서울시 마포구 신촌로6길 5
전화 02.330.5265
팩스 02.3141.4488
이메일 booktrigger@naver.com
홈페이지 www.jihak.co.kr
포스트 post.naver.com/booktrigger
페이스북 www.facebook.com/booktrigger
인스타그램 @booktrigger

ISBN 979-11-93378-22-9 (03300)

북트리거

트리거(trigger)는 '방아쇠, 계기, 유인, 자극'을 뜻합니다.
북트리거는 나와 사물, 이웃과 세상을 바라보는 시선에 신선한 자극을 주는 책을 펴냅니다.